会计综合实训

（第2版）

田钊平　主　编
王莉静　杨文莺　王丹霞　副主编

清华大学出版社
北　京

内 容 简 介

本书以网中网软件有限公司的会计综合实训软件为蓝本，以某企业的典型工作任务为背景，通过操作规范、仿真业务等内容将"教、学、做"有效融于一体，完成一个过程完整、业务综合的会计工作项目，以有效培养学生的专业技能和综合职业素养。

本书中的会计业务来源于校外实训基地(企业)，高仿真再现会计资料，增强实训的真实感和职业感。本书还提供丰富的数字资源，线上线下融合，将教材、课堂、教学资源三者融合，扫描每笔业务前的二维码，可观看微课视频，便于学习者更好地理解和掌握相关知识。

本书可作为高等职业教育会计类专业综合实训课程教材。

配套课件和业务实训答案可通过扫描前言中的二维码获取。

本书封面贴有清华大学出版社防伪标签，无标签者不得销售。

版权所有，侵权必究。举报：010-62782989，beiqinquan@tup.tsinghua.edu.cn。

图书在版编目(CIP)数据

会计综合实训 / 田钊平主编. —2版. —北京：清华大学出版社，2024.2（2024.8重印）
ISBN 978-7-302-65416-2

Ⅰ.①会… Ⅱ.①田… Ⅲ.①会计学—高等职业教育—教材 Ⅳ.①F230

中国国家版本馆 CIP 数据核字(2024)第 019944 号

责任编辑：高 屾
装帧设计：孔祥峰
责任校对：马遥遥
责任印制：曹婉颖

出版发行：清华大学出版社
网　　址：https://www.tup.com.cn，https://www.wqxuetang.com
地　　址：北京清华大学学研大厦A座　　邮　　编：100084
社 总 机：010-83470000　　邮　　购：010-62786544
投稿与读者服务：010-62776969，c-service@tup.tsinghua.edu.cn
质 量 反 馈：010-62772015，zhiliang@tup.tsinghua.edu.cn

印 装 者：三河市龙大印装有限公司
经　　销：全国新华书店
开　　本：185mm×260mm　　印　张：16.75　　字　数：408千字
版　　次：2015年8月第1版　　2024年3月第2版　　印　次：2024年8月第3次印刷
定　　价：59.00元

产品编号：097680-02

前 言

本书结合会计准则的改革和信息技术的应用，顺应教育部"大力推进工学结合，突出实践能力培养，改革人才培养模式"的要求，强调以典型工作任务为中心组织课程内容，以提升学生会计综合素养为导向，以会计岗位为核心，以会计相关业务操作为主线，采用项目与业务相结合的结构展示教学内容，让学生在完成具体任务的过程中掌握相关理论和技能知识，充分提升学生的会计职业素养，为学生毕业后实现零距离就业奠定坚实基础。

书中内容力求体现仿真性、职业性、综合性和实用性的特点，突出学生职业能力的培养及职业素质的养成，并充分考虑企业对会计人才培养规格的要求，以增强学生的岗位适应能力，提高学生的综合职业素养。为实现上述目标，教材分三部分编写，第一部分为会计综合实训的思路及流程，主要使学生了解会计综合实训的目的与基本思路、实训流程与主要活动，以及各实训岗位的职责；第二部分为会计综合实训的操作规范，主要按照企业实际业务流程期初建账、原始凭证填制与审核、记账凭证填制与审核、会计账簿登记、对账与结账、会计报表编制等重要环节详细介绍和图示业务操作规范；第三部分为会计综合实训企业仿真模拟资料，主要包括公司概况、公司主要会计制度、公司财务资料、公司业务资料等。

本书是基于产教融合改革背景的新形态教材，主要体现以下特色。

(1) **项目导向**。本书以所模拟企业的典型工作任务为背景，通过操作规范、仿真业务等内容将"教、学、做"有效融于一体，完成一个过程完整、业务综合的会计工作项目，以有效提升学生的专业技能和综合职业素养。

(2) **任务驱动**。本书以关键会计岗位的典型工作任务为中心安排训练内容，充分展现会计相关业务工作流程和方法，有效培养学生的职业操作能力。

(3) **高度仿真**。本书会计业务来源于校外实训基地(企业)，高仿真再现原始凭证、记账凭证、会计账簿、财务报表等会计资料，增强实训的真实感、职业感。

(4) **数字资源**。本书注重线上与线下融合，将教材、课堂、教学资源三者融合，扫描每笔业务前的二维码可以观看微课视频，便于学习者更好地理解和掌握相关知识。

本书第2版在初版的基础上进行了以下修改。

第一，党的二十大报告要求，"全面贯彻党的教育方针，落实立德树人根本任务，培养德智体美劳全面发展的社会主义建设者和接班人"。本书全面推进课程思政建设，适应教育改革需要，兼顾学科知识体系的系统性和严谨性与实务技能应用的操作性和职业性。

第二,2019年财政部根据《财政部关于修改<代理记账管理办法>等2部部门规章的决定》修订了《代理记账管理办法》和《会计基础工作规范》,本书据此对相关内容进行了修改。

第三,本书第2版更新了一些陈旧的数据,完善了实训相关凭证。

本书可作为高等院校会计类专业综合实训课程教材,还可作为厦门网中网软件有限公司的会计综合实训软件的配套教材。为方便教学,本书还提供配套教学课件、业务实训答案,以及《会计基础工作规范》等,教师可扫描右侧二维码获取。

教学资源

本书由田钊平教授(浙江广厦建设职业技术大学)担任主编,王莉静(浙江广厦建设职业技术大学)、杨文莺(浙江科技大学)、王丹霞(浙江广厦建设职业技术大学)担任副主编,具体编写分工如下:田钊平负责全书的设计、编写体例的安排,以及第一部分、第二部分的编写;田钊平、王莉静、杨文莺、王丹霞负责第三部分的编写。全书最后由田钊平负责修改并总纂定稿。

在编写过程中,本书参考了大量的相关书籍及资料,在此向所有作者深表谢意。因编者水平有限,本书在编写过程中难免有疏漏和考虑不周之处,恳请同行和各位读者不吝赐教,以便不断完善。

编 者

2023年12月

目 录

第一部分 会计综合实训的思路及流程 ··· 1
    一、会计综合实训的目标及特征 ··· 1
    二、会计综合实训的思路和方式 ··· 3
    三、会计综合实训的组织和工作流程 ··· 5

第二部分 会计综合实训的操作规范 ··· 10
    一、期初建账操作规范 ··· 10
    二、原始凭证操作规范 ··· 14
    三、记账凭证操作规范 ··· 17
    四、会计账簿操作规范 ··· 21
    五、对账与结账操作规范 ··· 29
    六、会计报表操作规范 ··· 33

第三部分 会计综合实训企业仿真模拟资料 ··· 46
    一、公司概况 ··· 46
    二、公司主要会计制度 ··· 50
    三、公司财务资料 ··· 53
    四、公司业务资料 ··· 62

参考文献 ··· 261

第一部分 会计综合实训的思路及流程

一、会计综合实训的目标及特征

(一) 会计综合实训目标

会计工作汇集了企业生产经营各方面的信息，在企业中属于掌握商业秘密的岗位，企业一般都不便或不愿意接受在校学生实地参观、实习；即使某些企业愿意接纳学生实习，也无法容纳多名学生。因此，会计专业学生的社会实践主要采用在学校以高度仿真模拟的方式进行。"会计综合模拟实训"课程，就是通过设计丰富、逼真、系统的企业会计业务的操作系统，以账簿设置、凭证填制、账簿登记、成本计算、对账结账、会计报表编制等实务操作内容的训练，使学生熟练掌握会计核算的基本方法和技能，形成学生的专业核心技能，为将来从事实际工作奠定良好的基础。

1. 知识目标

通过会计综合实训操作，使学生加强对会计基本理论的理解、会计基本方法的运用和会计基本技能的训练，使其把书本知识和实际业务处理进行对照比较，加深认识，达到理论教学和会计实务的统一，增强学生毕业后独立从事会计工作的能力。会计综合实训的知识目标如下。

(1) 掌握会计基本理论、基本知识、基本技能和基本方法，了解会计职业道德和规范。

(2) 熟悉企业会计制度、会计准则及相关法规，掌握各类会计报表的编制方法和流程。

(3) 掌握财务管理的基本概念、内容和方法，包括财务分析的技巧和财务决策的思维模式。

(4) 熟悉税务制度、税法及税收筹划的基本理论和方法，掌握各类税务申报表的填制和审核。

2. 技能目标

通过会计综合实训操作，使学生身处高度仿真实际会计工作环境，对仿真企业生产经营过程中的各经济业务环节的处理进行一次全面系统的演习，以提高学生记账、算账、报账、用账及分析管理的实际操作能力。会计综合实训的技能目标如下。

(1) 熟练掌握会计实务操作技能，包括填制和审核原始凭证与记账凭证、设置账簿、查询账簿、编制财务报表等。

(2) 掌握成本计算的方法和流程，能够根据企业具体情况进行产品成本计算，并进行成本控制和优化。

(3) 掌握纳税申报表的填制和审核技能，能够独立完成税务申报工作。

(4) 掌握财务分析的基本方法，能够对企业的财务状况进行全面分析和评估。

(5) 具有熟练的会计核算、电算操作及财务管理等综合能力。

3. 素养目标

通过会计综合实训操作，不仅培养学生识证、制证、登账、编表的能力，还教会学生如何分析经济活动，不仅知道"是什么""怎么做"，还懂得"为什么"。通过各项经济业务的账务处理所依据的政策、法规、原则、制度，进行财务分析，以提高学生分析问题、解决问题及财经应用写作的能力，形成良好的会计素养。会计综合实训的素养目标如下。

(1) 职业道德和诚信。学生应该理解并遵守职业道德规范，包括诚实、客观、保密和负责任。通过实训课程，学生应学会如何在工作中保持专业性和诚信。

(2) 法规和合规性。学生应该了解并遵守与会计相关的各种法规和准则，包括公司法、税法、会计准则等。他们应该能够区分合法和不合法的会计操作，并在实践中保持高度的合规意识。

(3) 批判性思维。实训课程应该鼓励学生发展批判性思维，使他们能够分析和解决实际问题。这包括对会计数据进行审查、对复杂的财务信息进行深度分析，以及解决可能出现的争议或冲突。

(4) 团队合作与领导力。会计工作往往需要与其他团队成员紧密合作。实训课程应该培养学生的团队合作精神和领导力，帮助他们学会在团队中有效沟通和发挥积极作用。

(5) 社会责任感。学生应该理解他们在社会中的角色和责任，包括为客户提供高质量的会计服务、保护客户机密，以及通过他们的专业知识和技能为社会做出积极贡献。

(6) 国际化视野。随着全球经济联系日益紧密，学生应该具有国际化的视野，理解和尊重不同国家的会计惯例和准则。实训课程应该鼓励学生接触国际会计标准和实践。

(二) 会计综合实训特征

1. 高度仿真性

会计综合实训是以一个企业完整的生产经营过程的会计资料为基础，模拟企业会计部门业务处理的全过程。会计综合实训所提供的经济业务和资料都来自所模拟的企业。采用的各种票证都符合现行财政税务等部门统一的要求。这样，学生在实训室观摩和接触到的都是所模拟企业"真正"的资料和票证，区别于传统会计教学中的课堂习题。在组织综合实训时，将学生分成若干小组，每个小组视同企业一个独立的财务部门，采取分岗实训，实行分工协作，定期轮岗变换操作内容，以增强会计业务处理的真实感。

2. 职业氛围浓厚

会计综合实训可为学生构建立体的、直观的、逼真的情景和内容。通过会计综合实训，让学生熟悉企业业务流程和会计岗位职责，掌握基本技能，在学习中手脑并用、学做结合、情景交融，解决长期以来会计教学理论与实践脱离的问题。

3. 职业意识强

会计综合实训以培养和提高学生的实践操作能力为目标，以技能训练为核心，让学生无论是在手工操作实训室，还是在会计电算化实训室，都置身于职业氛围之中，通过对企业的情景介绍和观摩，熟悉环境，适应岗位；通过对一笔笔经济业务的处理，了解工作对象，从而增强会计职业意识，树立牢固的职业信念。

4. 可自主学习

在会计综合实训中，理论实践并重，以能力培养为主。学生通过资料的收集与整理、方案的制定与选择、结果的反馈与评价，参与教学的全部过程，体现其主体作用。每项经济业务都要靠学生亲自处理，识别票据、审核凭证、登记账簿和编制报表等各环节都要其亲自动手完成，让学生具有新鲜感、好奇心和强烈的学习愿望，大大地调动学生的主动性和积极性。

二、会计综合实训的思路和方式

(一) 会计综合实训基本思路

会计综合实训采用"会计岗位轮换实训模式"，分 5 个环节完成会计综合实训的教学任务。

1. 明确目的

要明确学生在实训中应掌握的专业核心技能，以及与实训密切相关的非专业综合技能。

2. 构建环境

实施会计综合实训需要营建与其适应的环境——会计高仿真综合实训基地，包括办公场地、实训设备、计算机软件、会计资料、教材等要素。

3. 合理分组与角色扮演

(1) 合理分组。分组的过程使得学生由个人状态转变为有机结合的协作小组状态，合适的分组是进行协作学习的前提条件。

(2) 角色扮演。要为小组中的每个成员分配相应的角色。

(3) 任务分解。将小组的实训任务细分成若干个相互独立的子任务，小组中的每名学生明确自己、他人的任务和工作规范，了解自己及他人所扮演的角色。

4. 制订计划与协作实施

在教师的指导下，由学生制订项目工作计划，确定业务处理流程和具体工作步骤，完成实训任务。

5. 实训评价

评价作为激励机制的一个重要组成部分，在学习中所发挥的作用是不容忽视的，特别是教师的评价，教师对于个体的反馈比对于小组整体的反馈更能激励学生。建议采用过程考核(50%)+成果考核(50%)的评定方式，具体比重可结合学校或学生实际情况进行相应的调整。

(1) 过程考核。

① 组内成员互相评价(10%)。从纪律、参与情况、组内成员协调情况、工作态度、业务能力等方面进行评价。

② 部门考核(20%)和教师评价(20%)。采用绩效考核，在小组成员进行互评的基础上，进行部门(组长主导)考核和教师评价。

(2) 成果考核。

① 会计档案资料(40%)。实训结束要求每个小组提交全部实训资料，包括会计凭证、会计账簿、会计报表、财务分析等内容。实训资料评分参考标准为原始凭证填制和审核占10%；经济业务的账务处理、记账凭证填制和审核占20%；账簿登记、报表编制及分析占10%。

② 小组汇报(10%)。小组汇报实际上是各个实训小组对本小组实训情况及成果进行总结、汇报和展示。小组汇报的内容主要包括小组实训的组织过程、工作任务和工作计划、工作程序和步骤、工作成果与收获、取得的经验与教训等。

(二) 会计综合实训方式

会计综合实训有多种实训方式，其中典型的方式有两种：一是手工操作方式，二是手工与计算机结合操作方式。本实训主要采用手工与计算机结合操作方式。

手工与计算机结合操作方式的主要特点是将手工会计岗位与计算机会计岗位结合起来。会计综合实训分两个阶段完成，第一个阶段为完全手工操作，第二阶段需借助计算机软件进行操作。

三、会计综合实训的组织和工作流程

(一) 会计综合实训的组织

1. 分组与分岗

(1) 分组。教师在分组之前有必要进行学生特征分析,从学生的认知能力、知识水平、学习方式等几个方面考虑。采用异质分组,使小组成员在性别、成绩、能力方面具有一定的差异,具有互补性。为了便于小组讨论学习,易于轮岗操作,典型的方案是:每 4 名学生一组,组成一个模拟公司的财务部。

(2) 分岗与角色扮演。要合理划分会计工作岗位,使小组中的每个成员分别扮演不同的角色,从而实现小组集体任务的分解,通过分工协作,最终完成总的任务。典型方案是:具体分为 4 个岗位,分别为会计主管、出纳、成本会计和总账会计。这样,每个实训小组 4 名学生,分别扮演 4 个不同的角色。

(3) 轮岗。为了达到实训目的,需要轮岗。小组中的每一名学生必须依次扮演 4 个不同的角色,经过 4 次轮换,使得每一名学生都能将所有实训内容亲自操作一遍。

2. 各岗位工作内容

(1) 会计主管(兼系统管理员)的工作内容具体如下。

① 建立企业账套、设置操作员与口令。
② 确保电算化系统数据的安全,防止数据丢失、篡改,及时进行账套数据的自动备份与手动备份,并对上机日志文件进行管理。
③ 保证电算化系统正常、安全、有效运行,及时处理系统运行中出现的各种故障。
④ 审批资金支出,负责资金的调度。
⑤ 复核出纳和总账会计编制的记账凭证。
⑥ 组织筹资、投资、利润分配、成本、税务等财务会计管理工作。
⑦ 计提盈余公积。
⑧ 核算股东分配利润,编制利润表和股东权益变动表。
⑨ 稽核会计凭证和账表,编制会计报表附注。
⑩ 复核银行存款余额调节表,做好会计档案管理工作。
⑪ 做好财务分析工作,撰写财务分析报告。
⑫ 承担财务部领导组织工作,做好对下属人员的调配和考核等工作。

(2) 出纳的工作内容具体如下。

① 按规定办理货币资金收付和银行结算业务。
② 登记银行结算票据备查簿和有价证券的备查簿。
③ 编制收款和付款凭证。
④ 根据复核无误的记账凭证登记现金日记账和银行存款日记账。
⑤ 根据复核无误的记账凭证登记其他货币资金明细账。

⑥ 保管好库存现金和各种有价证券。
⑦ 保管预留银行印鉴中的公司财务章和发票专用章。
⑧ 保管空白支票和空白发票、收据，负责填写支票、发票使用登记表。
⑨ 编制工资发放表及工资汇总表。
⑩ 编制各种税收申报表和养老保险申报表，并缴纳各种税费。

(3) 成本会计的工作内容具体如下。

① 按照规定的成本费用开支范围和标准，审核成本费用等原始凭证的合法性、合理性和真实性，审核费用发生的审批手续是否符合公司规定。
② 核算成本费用，计算产品成本，并编制相应的记账凭证。
③ 核算材料采购业务，确定采购成本和应付账款。
④ 核算职工薪酬，计算分配职工薪酬，并编制相应的记账凭证。
⑤ 核算销售业务，确定销售收入和应收账款。
⑥ 核算其他应付款、其他应收款等往来款项。
⑦ 做好税金的计算、申报和解缴等工作，并编制相应记账凭证。
⑧ 计提坏账准备，并编制相应记账凭证。

(4) 总账会计(兼账套主管)的工作内容具体如下。

① 负责所属账套操作员功能权限的分配与管理。
② 负责财务软件运行环境的建立及各项初始设置工作。
③ 复核会计主管和成本会计编制的记账凭证。
④ 核算股票和债券投资、债务重组、非货币性交易、长期股权投资等业务。
⑤ 核算所有者权益相关科目。
⑥ 核算固定资产，并按月计提固定折旧。
⑦ 负责月末结转损益。
⑧ 编制科目汇总表，登记总账，编制银行存款余额调节表。
⑨ 编制资产负债表和现金流量表。
⑩ 保管银行预留印鉴中的法人章。
⑪ 开具发票，以及定期进行往来款项的对账工作。

3. 实训注意事项

(1) 教师辅导。在实训过程中，教师应以学生为主体，教师扮演好指导者、组织者、观察者的角色，即向学生布置任务，介绍相关资料和学习资源，进行必要的指导，解答相关的问题，控制学习进度，监督检查学习情况并及时纠正错误；学生则根据教师的要求，模拟企业的现实情况，努力寻求各种资源和信息，自主地完成任务。

(2) 组内协作。组内协作的主要内容是分析问题、获取信息、综合判断、解决问题。在实施过程中，学生是学习的主体，扮演各种会计角色并按照各自的职责协调其他角色，共同完成工作。

(3) 考核评价。在考核时要注意从过程考核和结果评价两方面进行，既要通过组内成员互相评价、小组负责人(会计主管)考核、组间评价及教师评价相结合完成过程考核；又要依据工作完成、业务能力、沟通协作、组织管理、工作态度、敬业精神、会计档案、小组汇报、实训报告等完成结果考核。

(二) 实训工作流程

会计综合实训的相关工作流程如表 1-1 所示。

表1-1 会计综合实训的相关流程

序号	实训流程	实训活动安排	岗位人员
1	岗前培训	活动1：明确会计综合实训的目的、讲解实训内容及答疑 活动2：介绍各相关岗位要求、讲解职责及答疑 活动3：竞聘仿真企业相关会计岗位	会计主管 出纳 成本会计 总账会计
2	建账	手工 活动1：开设总账账户并登记期初余额 活动2：开设明细账户并登记期初余额 活动3：开设日记账并登记期初余额 计算机 安装财务软件，进行财务软件的初始设置工作 设置业务参数及基本信息 设置会计业务处理规则 输入期初数据	会计主管 出纳 成本会计 总账会计 会计主管 总账会计
3	填制和审核原始凭证	活动1：填制相关经济业务的原始凭证 活动2：审核外来或自制原始凭证或原始凭证汇总表	会计主管 出纳 成本会计 总账会计
4	填制、审核记账凭证	手工 活动1：依据经济业务及审核的原始凭证编制收款凭证 活动2：依据经济业务及审核的原始凭证编制付款凭证 活动3：依据经济业务及审核的原始凭证编制转账凭证 计算机 输入凭证 审核凭证	会计主管 出纳 成本会计 总账会计
5	登记账簿	手工 活动1：依据经过审核的收款、付款凭证登记日记账 活动2：依据经过审核的收款、付款、转账凭证登记其他明细账 活动3：编制科目汇总表 活动4：依据科目汇总表登记总账	会计主管 出纳 成本会计 总账会计

(续表)

序号	实训流程	实训活动安排	岗位人员
5	登记账簿	计算机 记账操作	
6	期末对账与结账	手工 活动1：核对总账、明细账和日记账 活动2：结转期末损益 活动3：做编报前的试算平衡 活动4：进行总账、明细账和日记账的结账工作 计算机 自动对账 自动转账设置 结账操作	会计主管 出纳 成本会计 总账会计
7	编制财务报表	手工 活动1：编制资产负债表和现金流量表 活动2：编制利润表和股东权益变动表 计算机 报表定义 报表生成	会计主管 总账会计
8	财务分析	活动1：偿债、营运、盈利三项能力分析 活动2：采用杜邦分析法进行综合财务分析	会计主管
9	档案管理	活动1：打印凭证、账簿，加盖印章，按月装订成册 活动2：打印报表、附注，加封面装订 活动3：凭证、账簿及财务报告装袋上交，同时提交电子档 活动4：学生进行总结、汇报及评价	会计主管 出纳 成本会计 总账会计

(三) 实训耗材清单

会计综合实训相关耗材清单要求如表1-2所示。

表1-2 会计综合实训相关耗材清单

物品名称	单位	数量/人
记账凭证	本	2本(150张)
总分类账	张	30
现金日记账	本	1
银行存款日记账	本	1
三栏式明细账	张	40

(续表)

物品名称	单位	数量/人
数量金额式明细账	张	10
多栏式明细账	张	12
生产成本明细账	张	4
制造费用明细账	张	4
应交增值税明细账	张	2
资产负债表	张	1
利润表	张	1
科目汇总表	张	4
固定资产明细账	张	12
夹子	个	1
会计凭证包角	张	1
封面	张	2
回形针	盒	1

第二部分 会计综合实训的操作规范

一、期初建账操作规范

2019 年财政部根据《财政部关于修改<代理记账管理办法>等 2 部部门规章的决定》修订了《代理记账管理办法》和《会计基础工作规范》。《会计基础工作规范》是为了加强会计基础工作，建立规范的会计工作秩序，提高会计工作水平，根据《中华人民共和国会计法》的有关规定而制定的。各单位应当依据有关法律、法规和《会计基础工作规范》的规定，加强会计基础工作，严格执行会计法规制度，确保会计工作依法有序地进行。依法设置会计账簿，是单位进行会计核算最基本的要求。会计账簿，是由一定格式、相互联系的账页所组成的，用来序时、分类地全面记录和反映一个单位经济业务事项的会计簿记，是会计资料的主要载体之一，也是会计资料的重要组成部分。各单位按照国家统一会计制度的规定和会计业务的需要设置会计账簿，也就是要设置总账、日记账、明细账和其他辅助性账簿。建账时，应该先找到不同的账户所用的不同的账页，如总账可以采用三栏式订本账或者活页账，日记账必须采用订本式，明细账可以采用三栏式、多栏式、数量金额式，其外表形式可以采用活页式、卡片式或订本式。建立账簿是企业单位进行会计核算的起点。总账、日记账和多数明细账须每年更换一次；财产物资和债权债务明细账，由于材料品种、规格和往来单位较多，因此可以跨年度使用；各种备查账也可以连续使用。

(一) 账簿启用

在新的会计年度开始时，必须办理启用手续，即按照账簿启用规则，由相关人员填写有关项目。其主要包括以下内容。

1. 账簿封面

启用会计账簿时，应在会计账簿封面上写明会计账簿的名称和单位名称，如图 2-1 所示。

图 2-1　固定资产明细账账簿封面示例

2. 账簿启用表

账簿启用表(即扉页)内容填写得准确完整，是账簿具有合法性的重要标志。要注明启用日期、账簿起止页数(活页式账簿可在装订时填写起止页数)、记账人员和会计机构负责人、会计主管人员姓名等，并加盖人名章和单位公章。当记账人员或会计机构负责人、会计主管人员调动工作时，应当注明交接日期、接办人员或者监交人员姓名，并由交接双方人员签名或者盖章，如图 2-2 所示。

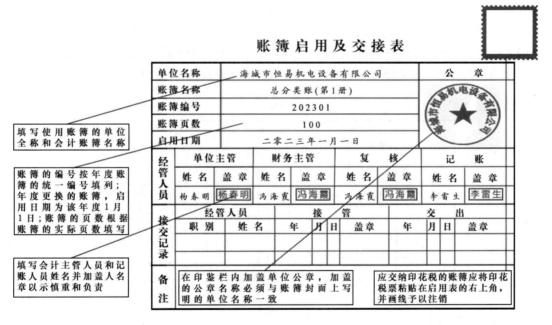

图 2-2　账簿启用及交接表示例

3. 目录

填写目录表中的会计科目应是一级会计科目的全称，其编号应按会计制度的统一编号填列，并准确填列该会计科目的起讫页次，如图 2-3 所示。

目录

编号	科目	起讫页码	编号	科目	起讫页码
1001	库存现金	1	2232	应付利息	41
1002	银行存款	3	2241	其他应付款	43
1121	应收票据	5	2601	长期借款	45
1122	应收账款	7	4001	实收资本	47
1123	预付账款	9	4002	资本公积	49
1231	其他应收款	11	4101	盈余公积	51
1401	材料采购	13	4103	本年利润	53
1403	原材料	15	4104	利润分配	55
1406	库存商品	17	5001	生产成本	57
1601	固定资产	19	5101	制造费用	59
1602	累计折旧	21	6001	主营业务收入	61
1801	长期待摊费用	23	6002	其他业务收入	63
1901	待处理财产损溢	25	6401	主营业务成本	65
2001	短期借款	27	6405	其他业务成本	67
2201	应付票据	29	5405	其他业务成本	69
2202	应付账款	31	6601	销售费用	71
2205	预收账款	33	6602	管理费用	73
2211	应付职工薪酬	35	6603	财务费用	75
2221	应交税费	37	6711	营业外支出	77
2251	应付股利	39	6801	所得税费用	79

说明（左侧标注）：
- 按会计制度的统一编号填列
- 会计科目应是一级会计科目的全称
- 准确填列会计科目起讫页次

图 2-3　填写会计科目目录示例

(二) 建立总账

总账可以采用活页式或订本式，一般采用订本式。按会计科目顺序建立相关总账，账页采用三栏式。会计科目处登记相关总账科目名称，摘要处注明"期初余额"，借或贷处选择登记具体的余额方向，余额处登记相关账户期初余额具体的金额，如图 2-4 所示。

图 2-4　库存现金总分类账示例

(三) 建立日记账

日记账包括现金日记账和银行存款日记账。日记账采用订本式，建立日记账涉及启用日期、摘要、余额方向和余额的登记。现金日记账、银行存款日记账启用具体示例，如图 2-5、图 2-6 所示。

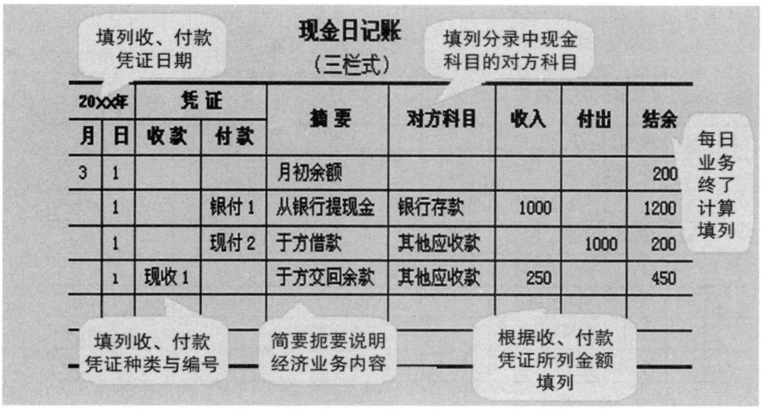

图 2-5　现金日记账示例

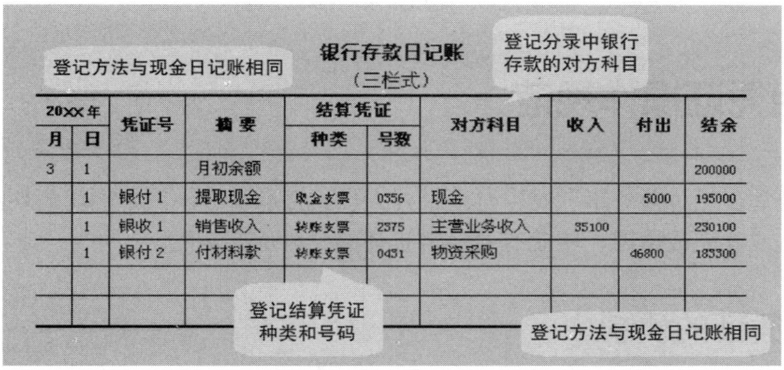

图 2-6　银行存款日记账示例

(四) 建立明细分类账

明细账采用活页式，涉及三栏式、多栏式、数量金额式账页，以及应交增值税专用账页。启用时需要登记的内容包括总账科目名称、明细科目名称、启用日期、摘要及具体余额。明细分类账示例如图 2-7、图 2-8 所示。

图 2-7　应收账款明细账示例

图 2-8 制造费用明细账示例

二、原始凭证操作规范

原始凭证是在经济业务事项发生时由经办人员直接取得或填制，用以表明某项经济业务事项已经发生或其完成情况，明确有关经济责任的一种原始凭据。

(一) 原始凭证的填制

原始凭证的内容必须具备凭证的名称，填制的日期，填制单位名称或填制人姓名，经办人员的签名或盖章，接受凭证单位名称，经济业务内容，数量、单价和金额，如图 2-9 所示。

图 2-9 原始凭证填制示例

原始凭证的填制应注意以下几点。

(1) 填制的经济业务要与实际相符，数字真实可靠。从外单位取得的原始凭证必须盖有填制单位的公章；从个人取得的原始凭证，必须有填制人员的签名或盖章。自制原始凭证必须有经办单位领导人或者其指定人员的签名或盖章，如图 2-10 所示。对外开出的原始凭证，必须加盖本单位公章。

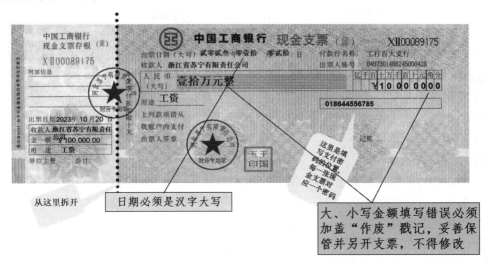

图 2-10　转账支票填写示例

(2) 凡填有大写和小写金额的原始凭证，大、小写金额必须一致。购买实物的原始凭证，必须有验收证明。支付款项的原始凭证，必须有收款单位和收款人的收款证明。

(3) 原始凭证所记载的各项内容均不得涂改，随意涂改的原始凭证为无效凭证，不能作为填制记账凭证或登记账簿的依据。

(4) 原始凭证填制如有错误，不得涂改和挖补，应由开出单位重开或者更正，更正处应加盖开出单位的公章。原始凭证开具单位应当依法开具准确无误的原始凭证，对于填制有误的原始凭证，负有更正和重新开具的法律义务，不得拒绝。

(5) 一式几联的原始凭证，应用复写纸套写。作废时应加盖"作废"戳记，连同存根一起保存，不得撕毁。

(6) 发生销货退回的，除填制退货发票外，还应有退货验收证明；退款时，必须取得对方的收款收据或汇款银行的凭证，不得以退货发票代替收据。

(7) 职工公出借款凭据，必须附在记账凭证之后。收回借款时，应当另开收据或退还借据副本，不得退还原借款收据。

(8) 经上级有关部门批准的经济业务，应当将批准文件作为原始凭证附件。批准文件需要单独归档的，应当在凭证上注明批准机关名称、日期和文件字号。

(二) 原始凭证的审核

1. 原始凭证审核的原则

(1) 真实性审核，包括经济业务内容、日期、经办人、数量、单价、金额、业务程序和手续等。

(2) 合法性、合理性审核，主要是对经济业务内容的合法性和合理性进行审核。

(3) 完整性审核，包括凭证手续、要素、签章、主管审批等内容的审核。

(4) 正确性审核，包括摘要、数字、计算、大小写等内容的审核。

2. 原始凭证审核的内容

在具体审核过程中，会计人员主要对以下 10 个方面进行审核：

① 填制是否及时；

② 内容是否真实完整；

③ 书写是否清楚规范；

④ 项目是否填写齐全；

⑤ 经济内容的填制是否正确、完整、清晰；

⑥ 数字的填写是否规范；

⑦ 计算是否准确；

⑧ 大小写金额是否一致；

⑨ 有无涂改、刮擦、挖补等伪造凭证的情况；

⑩ 是否有填制单位公章或有关部门人员的签名或盖章等。

会计机构、会计人员对不真实、不合法的原始凭证有权不予受理，并向单位负责人报告，请求查明原因，追究有关当事人的责任；对记载不准确、不完整的原始凭证应予以退回，并要求经办人员按照国家统一的会计制度规定进行更正、补充。

3. 问题原始凭证示例

图 2-11 所示原始凭证缺少填制单位的公章；图 2-12 所示原始凭证大小写金额书写不符，应重开；图 2-13 所示原始凭证内容不完整，数量、单价不全，应退回给经办人员，由其负责将凭证补充完整；图 2-14 所示原始凭证个人借款应有借款人员的签名或盖章。

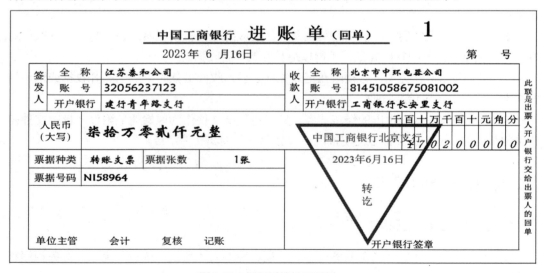

图 2-11 问题原始凭证示例一

图 2-12　问题原始凭证示例二

图 2-13　问题原始凭证示例三

图 2-14　问题原始凭证示例四

三、记账凭证操作规范

记账凭证是对经济业务事项按其性质加以归类、确定会计分录，并据以登记账簿的凭证。记账凭证可以分为收款凭证、付款凭证和转账凭证，也可以使用通用记账凭证。应根据审核无误的原始凭证或原始凭证汇总表填制记账凭证。

(一) 记账凭证的填制

记账凭证的内容必须齐全，主要包括：凭证的名称、填制凭证日期、凭证编号、经济业务内容摘要、过账符号、会计科目、记账金额、所附原始凭证张数，以及有关责任人的签名或盖章，如图 2-15 所示。

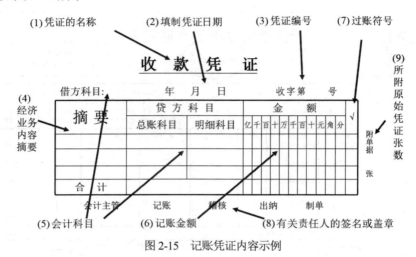

图 2-15　记账凭证内容示例

记账凭证的填制应注意以下几方面。

(1) 对于同时涉及"库存现金""银行存款"的应选择编制付款凭证。编号时可按银收、现收、银付、现付、转五类顺序编号，也可按收、付、转三类顺序编号(每月重编一次，不能重号，也不能漏号)。

(2) 以自制的原始凭证或者原始凭证汇总表代替记账凭证的，也必须具备记账凭证应有的项目。

(3) 记账凭证可以根据每一张原始凭证填制，或者根据若干张同类原始凭证汇总填制，也可以根据原始凭证汇总表编制，但不得将不同内容和类别的原始凭证汇总填列在一张记账凭证上。

(4) 填制记账凭证时，应当对记账凭证进行连续编号。一笔经济业务需要填制两张以上记账凭证的，应采用分数编号法编号。

(5) 除结账和更正错误的记账凭证可以不附原始凭证外，其他记账凭证必须附有原始凭证。如果一张原始凭证涉及几张记账凭证，可以把原始凭证附在一张主要的记账凭证后面，并在其他记账凭证上注明附有该原始凭证的记账凭证的编号或者附原始凭证复印件。

一张原始凭证所列支出需要几个单位共同负担的，应当将其他单位负担的部分开给对方原始凭证分割单，进行结算。原始凭证分割单必须具备原始凭证的基本内容，包括凭证名称，填制凭证日期，填制凭证单位名称或填制人姓名，经办人的签名或盖章，接受凭证单位名称，以及经济业务内容、数量、单价、金额和费用分摊情况等。

(6) 填制记账凭证发生错误时，不得任意更改，应当重新填制。对于已经登记入账的记账凭证，在当年内发现填写错误时，可以用红字填写一张与原内容相同的记账凭证；在摘要栏注明"注销某月某日某号凭证"字样，同时再用蓝字重新填制一张正确的记账凭证，注明"订正某月某日某号凭证"字样。如果会计科目没有错误，只是金额错误，也可以将正确数字与错误数字之间的差额另编制一张调整的记账凭证，调增金额须用蓝字，调减金额须用红字。发现以前年度记账凭证有错误的，应当用蓝字填制一张更正的记账凭证。

(7) 记账凭证填制完经济业务事项后，如有空行，应当自金额栏最后一笔金额数字下的空行处至合计数上的空行处划线注销。

记账凭证填制示例如图 2-16～图 2-18 所示。

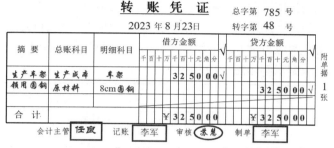

图 2-16　转账凭证填制示例

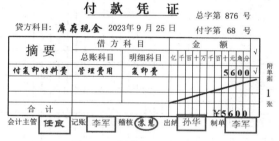

图 2-17　付款凭证填制示例

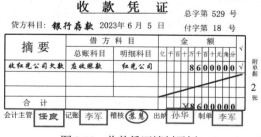

图 2-18　收款凭证填制示例

(二) 记账凭证的审核

记账凭证的审核内容具体如下。

(1) 记账凭证所附原始凭证是否齐全，两者内容是否相符，其金额是否与原始凭证的金额或金额合计数一致。

(2) 记账凭证中应借、应贷的账户名称是否与经济业务内容相符，账户对应关系是否清楚，应记金额是否正确。

(3) 记账凭证手续是否完整，应填项目是否填列齐全，有关人员是否都已签章。

(三) 记账凭证汇总

采用科目汇总表核算形式，应根据一定时期内的全部记账凭证，按科目进行归类编制。科目汇总表中，应分别计算每一个总账科目的借方发生额合计数和贷方发生额合计数。由于借贷记账法的记账规则是"有借必有贷，借贷必相等"，所以在编制科目汇总表时，全部总账科目的借方发生额合计数应与贷方发生额合计数相等。科目汇总表可以每月汇总一次，也可以每旬汇总一次，其编制示例如图2-19所示。

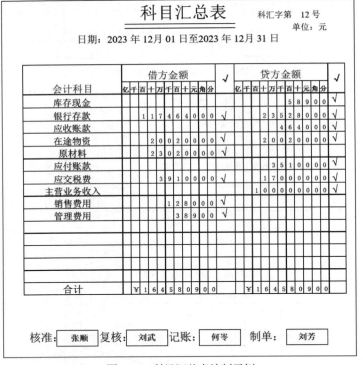

图2-19 科目汇总表编制示例

(四) 会计凭证的归档保管

会计机构、会计人员应妥善保管会计凭证，具体如下。

(1) 会计凭证应当及时传递，不得积压。

(2) 会计凭证登记完毕后，应当按照分类和编号顺序保管，不得散乱丢失。

(3) 记账凭证应当连同所附的原始凭证或原始凭证汇总表，按照编号顺序，折叠整齐，按期装订成册，并加具封面，注明单位名称、年度、月份和起讫日期凭证种类、起讫号码，由装订人在装订线封签外签名或盖章。

对于数量过多的原始凭证，可以单独装订保管，在封面上注明记账凭证日期、编号、种类，同时在记账凭证上注明"附件另订"和原始凭证名称及编号。

各种经济合同、存出保证金收据及涉外文件等重要原始凭证应当另编目录，单独登记保管，并在有关的记账凭证和原始凭证上注明日期和编号。

(4) 原始凭证不得外借，其他单位如因特殊原因需要使用原始凭证时，经本单位会计机构负责人(或会计主管人员)批准，可以复制。向外单位提供的原始凭证复制件，应当在专设登记簿上登记，并由提供人员和收取人员共同签名或盖章。

(5) 从外单位取得的原始凭证如有遗失，应当取得原开出单位盖有公章的证明，并注明原凭证的号码、金额和内容等，由经办单位会计机构负责人(或会计主管人员)和单位领导批准后，才能代作原始凭证。如果确实无法取得证明的，如火车、轮船、飞机票等凭证，由当事人写出详细情况，由经办单位会计机构负责人(或会计主管人员)和单位领导批准后，代作原始凭证。

四、会计账簿操作规范

(一) 账簿登记的基本要求

会计人员应当根据审核无误的会计凭证登记会计账簿，登记账簿的基本要求如下。

(1) 登记会计账簿时，应当将会计凭证日期、编号、业务内容摘要、金额和其他有关资料逐项记入账内，做到数字准确、摘要清楚、登记及时、字迹工整。登记完毕后，要在记账凭证上签名或盖章，并注明已经登账的符号，表示已经记账，如图2-20所示。

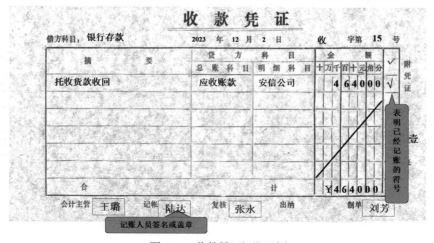

图 2-20　收款凭证记账示例

(2) 账簿中书写的文字和数字上面要留有适当的空格，不要写满格，一般应占格距的 1/2，如图 2-21 所示。

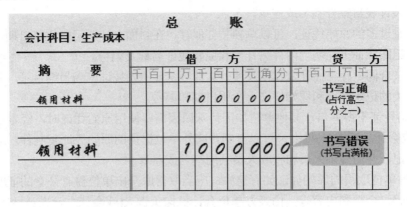

图 2-21　账簿文字及数字占格示例

(3) 登记账簿要用蓝黑墨水或者碳素墨水书写，不得使用圆珠笔(银行复写的除外)或者铅笔书写。

(4) 下列情况可以用红色墨水记账：①按照红字冲账的记账凭证，冲销错误记录；②在不设借贷等栏的多栏式账页中，登记减少数；③在三栏式账户的余额栏前，如未印明余额方向的，在余额栏内登记负数余额；④根据规定可以用红字登记的其他会计记录。

(5) 各种账簿按页次顺序连续登记，不得跳行、隔页。如果发生跳行、隔页，应当将空行、空页划线注销，或者注明"此行注销""此页注销"字样，并由记账人员签名或者盖章，如图 2-22、图 2-23 所示。

图 2-22　账簿空行正确处理示例

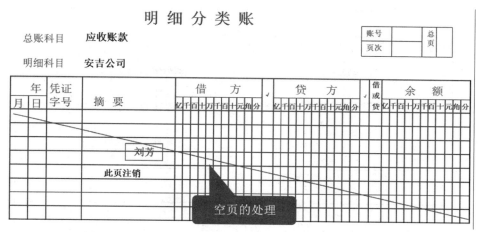

图 2-23　账簿空页正确处理示例

(6) 凡需结出余额的账户，结出余额后，应当在"借或贷"等栏内写明"借"或者"贷"字样。没有余额的账户，应当在"借或贷"等栏内写"平"字，并在余额栏内用"—0—"表示（0 写在元的位置栏内），具体操作示例如图 2-24 所示。

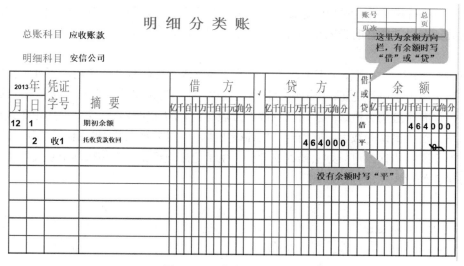

图 2-24　账簿余额登记示例

(7) 现金日记账和银行存款日记账必须逐日结出余额。

(8) 每一账页登记完毕结转下页时，应当结出本页合计数及余额，写在本页最后一行和下页第一行有关栏内，并在摘要栏内注明"过次页"和"承前页"字样，也可以将本页合计数及金额只写在下页第一行有关栏内，并在摘要栏内注明"承前页"字样，如图 2-25 所示。

对于需要结计本月发生额的账户，结计"过次页"的本页合计数应当为自年初起到本页末止的累计数；对于既不需要结计本月发生额也不需要结计本年累计发生额的账户，可以只将每页末的余额结转次页。

第 4 页

12	11	记12134	销售产品	6800000		借	216750000
	12	记12156	收前欠账款		570000	借	216180000
	13	记12167	收前欠账款		1025000	借	215155000
	14	记12214	销售产品	4520000		借	219675000
	20	记12223	收前欠账款		122000000	借	97675000
			过次页	208967000	216780000	借	97675000

账页的最后一行

新账页的第一行

第 5 页

×年 月	日	凭证字号	摘要	借方（千百十万千百十元角分）	贷方（千百十万千百十元角分）	借或贷	余额（千百十万千百十元角分）
12	21		承前页	208967000	216780000	借	97675000
	21	记12251	销售产品	8650000			106325000

图 2-25　账簿跨页结转登记示例

对实行会计电算化的单位，总账和明细账应当定期打印。发生收款和付款业务的，在输入收款凭证和付款凭证的当天必须打印出现金日记账和银行存款日记账，并与库存现金核对无误。

(9) 账簿记录发生错误，不准涂改、挖补、刮擦或者用药水消除字迹，不准重新抄写，必须按照下列方法进行更正：登记账簿时发生错误，应当将错误的文字或者数字划红线注销，但必须使原有字迹仍可辨认；然后在划线上方填写正确的文字或者数字，并由记账人员在更正处盖章。对于错误的数字，应当全部划红线更正，不得只更正其中的错误数字，如图 2-26 所示。对于文字错误，可只划去错误的部分。由于记账凭证错误而使账簿记录发生错误的，应当按更正的记账凭证登记账簿。

明 细 分 类 账

总账科目　应收账款

明细科目　安信公司

账号		总页	
页次			

2023年 月	日	凭证字号	摘要	借方（亿千百十万千百十元角分）	√	贷方（亿千百十万千百十元角分）	√	借或贷	余额（亿千百十万千百十元角分）
12	1		期初余额					借	464000
12	2	收1	托收货款收回			464000 ~~446000~~ 刘芳		平	0

图 2-26　账簿登记错误更正示例

(二) 账簿的格式与登记方法

1. 现金日记账

① 格式：借方、贷方、余额三栏式。
② 登记方法：逐日逐笔登记。
现金日记账登记示例，如图 2-27 所示。

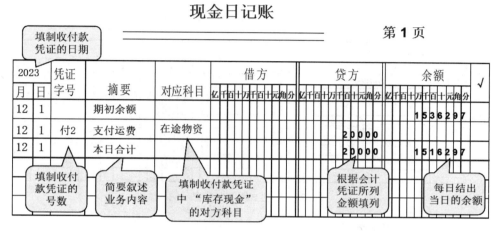

图 2-27 现金日记账登记示例

2. 银行存款日记账

① 格式：借方、贷方、余额三栏式。
② 登记方法：逐日逐笔登记。
银行存款日记账登记示例，如图 2-28 所示。

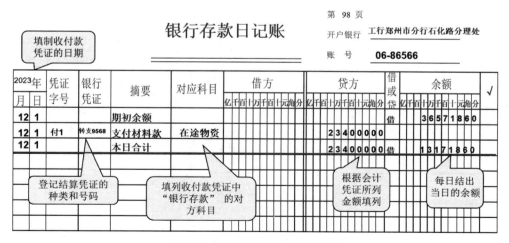

图 2-28 银行存款日记账登记示例

3. 明细分类账

(1) 三栏式明细账。

① 格式：借方、贷方、余额三栏式。

② 登记方法：逐笔登记。

适用核算内容：往来款项等。三栏式明细账登记示例，如图 2-29 所示。

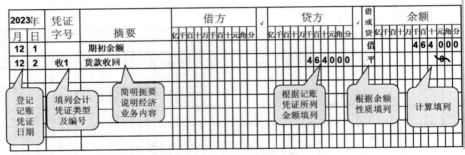

图 2-29　三栏式明细账登记示例

(2) 数量金额式明细账。

① 格式：借方、贷方、余额三栏中分设数量、单价、金额等栏。

② 登记方法：逐笔登记。

适用核算内容：实物资产等。数量金额式明细账登记示例，如图 2-30 所示。

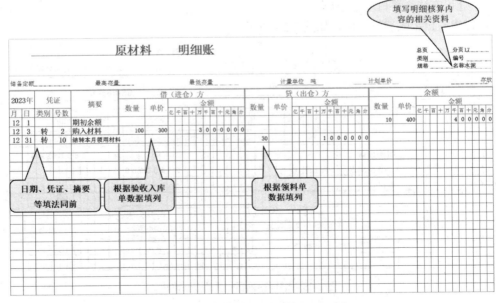

图 2-30　数量金额式明细账登记示例

(3) 多栏式明细账。

① 格式：按借方、贷方或借贷双方分别设置专栏。

② 登记方法：逐笔登记。

适用核算内容：成本费用和收入等。多栏式明细账登记示例，如图2-31～图2-33所示。

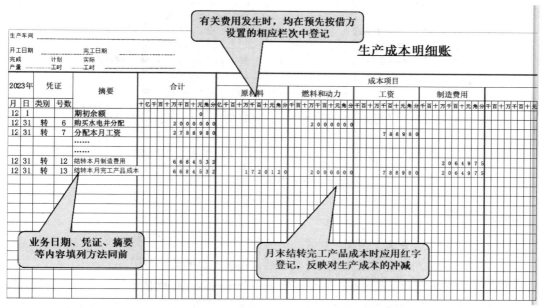

图 2-31　生产成本明细账登记示例

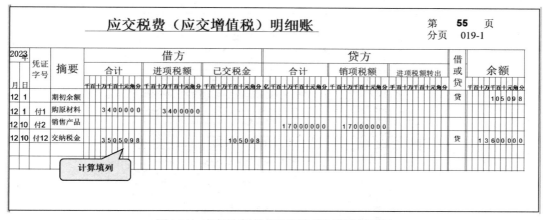

图 2-32　应交税费(应交增值税)明细账登记示例

管理费用　明细账

总页 112
分页 035-1

2023年		凭证字号	摘要	合计	办公费	招待费	水电费
月	日						
12	4	付3	购办公用品	550 00	550 00		
12	6	付5	付招待费	2170 0		1620 0	
12	15	转5	购买水电并分配	10170 0			8000 0
			……				
			……				
			……				
12	31	记43	结转费用	87549 0	9282 0	1620 0	11200 0

图 2-33　管理费用明细账登记示例

4. 总分类账

① 格式：借方、贷方、余额三栏式。

② 汇总登记：对各种记账凭证进行汇总后，根据汇总的数字登记。

科目汇总表编制及记账过程：将记账凭证中分录过入工作底稿；结计各账户借贷方发生额；填制科目汇总表(图 2-34)；根据科目汇总表登记总账。总分类账登记示例，如图 2-35 所示。

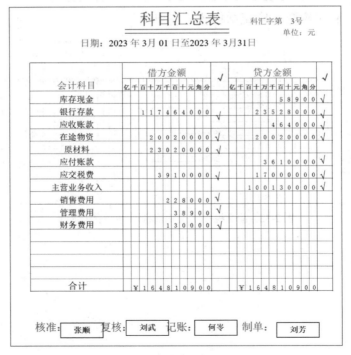

图 2-34　科目汇总表示例

总分类账

会计科目：**银行存款**　　　　　　　　　　第 5 页

2023年		凭证字号	摘要	对方科目	借方	贷方	借或贷	余额
月	日				万千百十元角分	万千百十元角分		万千百十元角分
1	1		期初余额				借	2 0 0 0 0 0
	10	科汇1	1-10发生额	库存现金		5 8 0 0 0	借	1 4 2 0 0 0

图 2-35　银行存款总分类账登记示例

五、对账与结账操作规范

（一）对账操作规范

　　各单位应当定期对会计账簿记录的有关数字与库存实物、货币资金、有价证券、往来单位或者个人等进行相互核对，保证账证相符、账账相符、账实相符。对账工作每年至少进行一次。

　　(1) 账证核对。核对会计账簿记录与原始凭证、记账凭证的时间、凭证字号、内容、金额是否一致，记账方向是否相符。

　　(2) 账账核对。核对不同会计账簿之间的账簿记录是否相符，包括总账与有关账户的余额核对，总账与明细账核对，总账与日记账核对，会计部门的财产物资明细账与财产物资保管和使用部门的有关明细账核对等。

　　(3) 账实核对。核对会计账簿记录与财产等实有数额是否相符，包括现金日记账账面余额与现金实际库存数相核对；银行存款日记账账面余额定期与银行对账单相核对；各种财物明细账账面余额与财物实存数额相核对；各种应收、应付款明细账账面余额与有关债务、债权单位或者个人核对等。

账证核对可采用逐笔核对和抽查核对方法；账账核对可采用直接核对和编表核对方法；账实核对可采用清查盘点核对和对账单核对方法。

(二) 结账操作规范

结账是在会计期末对一定时期内账簿记录所做的结尾工作，主要是计算出每个账户的本期发生额和期末余额，并结转到下一会计期间。各单位应按照规定定期结账。结账是会计期末对账簿记录的总结工作，包括月结和年结。在结账前各单位应当将所有经济业务全部登记入账。对于现金、银行存款日记账，应做到"日清月结"，也就是每日终了结出本日借贷方发生额及余额，在摘要栏内注明"本日合计"字样，在下面通栏划单红线。对于总分类账、明细分类账，应于月末结出本月借贷方发生额及余额，在摘要栏内注明"本月合计"字样，结出本月借贷方发生额及余额，并在下面通栏划单红线，如图2-36所示。

库存现金日记账

第 1 页

2023 月	日	凭证字号	摘要	对应科目	借方	贷方	余额	√
12	1		期初余额				1536297	
	1	付2	支付运费	在途物资		20000		
	1		本日合计			20000	1516297	
12	31		…… 本日合计			3000	1458797	
12	31		本月合计		1214880	1292380	1458797	
12	31		本年合计		1214880	1292380	1458797	

图2-36 现金日记账结账示例

需要结出本年累计发生额的，应当在摘要栏内注明"本年累计"字样，并在下面通栏划单红线；12月末的"本年累计"就是全年累计发生额，全年累计发生额下面应当通栏划双红线。年度终了结账时，所有总账账户都应当结出全年发生额和年末余额，年度终了，还应把各账户的余额结转到下一个会计年度，并在摘要栏内注明"结转下年"字样，在下一会计年度新建有关会计账簿的第一行余额栏内填写上年结转的余额，并在摘要栏注明"结转上年"字样，如图2-37所示。

银行存款日记账

23年		凭证		支票		摘要	借方	贷方	借或贷	余额	√
月	日	字	号	种类	号数						
1	1					上年结转			借	2 300 000 00	
	1	银付	1	支票	2101	提现		35 000 00	借	1 950 000 00	
	1	银收	1	支票	3201	销售商品收入	117 000 00		借	2 067 000 00	
	1	银收	2	委收	5805	收回前欠货款	57 800 00		借	2 124 800 00	
	2	银收	3	支票	3202	销售商品收入	653 000 00		借	2 777 800 00	
						略					
	31					本月合计	1 845 932 0	264 369 00	借	1 502 242 0	
						1—11月累计	16 493 826 00	15 987 328 00	借	736 498 00	
12	1	银收	1	支票	4703	收回前欠货款	85 000 00		借	821 498 00	
	1	银收	2	转存	1137	向银行取得借款	600 000 00		借	1 421 498 00	
	1	银付	1	支票	4712	支付购料款		1 170 000 00	借	251 498 00	
	2					略					
	31					本月合计	3 146 840 00	3 579 280 00	借	304 058 00	
	31					本年累计	19 640 666 00	19 566 608 00	借	304 058 00	
						结转下年					

银行存款日记账

24年		凭证		支票		摘要	借方	贷方	借或贷	余额	√
月	日	字	号	种类	号数						
1	1					上年结转				304 058 00	
						过次页					

图 2-37 跨年余额结转示例

1. 月结

(1) 不需按月结计本期发生额的账户，月末应在最后一笔业务下面通栏划单红线，如图 2-38 所示。

2023年		凭证		摘要	借方	贷方	余额
月	日	种类	号数				
6	25			承前页			3 000
	25	略	略	略	1 000		4 000
	28	略	略	略		200	3 800
	30	略	略	略		300	3 500
	30	略	略	略	100		3 600
7	01	略	略	略		800	2 800

图 2-38 不需按月结计本期发生额账户结账示例

(2) 需按月结计本期发生额的账户，月末应在"本月合计"下面通栏划单红线，如图 2-39 所示。

2023年		凭证		摘要	对方科目	借方	贷方	余额
月	日	种类	号数					
6	25			承前页		8 000	6 000	3 000
	25	略	略	略	略	1 000		4 000
	28	略	略	略	略		200	3 800
	30	略	略	略	略		300	3 500
6	30			本月合计		9 000	6 500	3 500
7	01	略	略	略	略		800	2 700

图 2-39　需按月结计本期发生额账户结账示例

2. 年结

(1) 不需要结计本期发生额的账户，只需要在 12 月的"本月合计"下面一栏，注明"结转下年"，如图 2-40 所示。

2023年		凭证		摘要	借方	贷方	余额
月	日	种类	号数				
12	25			承前页	8 000	6 000	3 000
	25	略	略	略	1 000		4 000
	28	略	略	略		200	3 800
	31	略	略	略		300	3 500
	31			本月合计	9 000	6 500	3 500
				结转下年			

图 2-40　不需要结计本期发生额账户年结示例

(2) 需要结计本年累计发生额的账户，12 月末在"本月合计"下面一栏计算填写"本年累计"金额，并在其下面通栏划双红线，如图 2-41 所示。

2023年		凭证		摘要	借方	贷方	余额
月	日	种类	号数				
12	25			承前页	8 000	6 000	3 000
	25	略	略	略	1 000		4 000
	28	略	略	略		200	3 800
	31	略	略	略		300	3 500
12	31			本月合计	9 000	6 500	3 500
12	31			本年累计	100 000	80 600	3 500
				结转下年			

图 2-41　需要结计本期发生额账户年结示例

3. 总账结账

首先在最后一笔汇总登记栏下面通栏划单红线，然后计算登记"本年合计"借方和贷方发生额合计数及期末余额。在"本年合计"下面通栏划双红线，如图 2-42 所示。

总 账

会计科目：银行存款

2023年		凭证		摘要	借方	贷方	余额
月	日	种类	号数				
11	20			承前页			3 000
	20	汇	32	10～20日汇总	51 000	8 000	46 000
	30	汇	33	20～30日汇总	51 000	45 000	52 000
12	10	汇	34	1～10日汇总	34 000	30 000	56 000
	20	汇	35	10～20日汇总	39 000	40 000	55 000
	31	汇	36	20～31日汇总	42 000	46 000	51 000
12	31			本年合计	428 000	388 000	51 000
12	31			结转下年			

图 2-42　总账结账示例

六、会计报表操作规范

(一) 会计报表编制基本要求

会计报表分为对外报表和对内报表。对外报表包括资产负债表、利润表、利润分配表、现金流量表及各种纳税申报表等，对外报表的格式、编制要求、报送期限应当符合国家有关规定。对内报表的格式和要求由企业自行规定。

会计报表应当根据登记完整、核对无误的会计账簿记录和其他有关资料编制，做到数字真实、计算准确、内容完整、编制及时。会计报表之间、会计报表各项目之间，凡有对应关系的数字，应当一致。

(二) 试算平衡表编制规范

所谓试算平衡，就是根据借贷记账法的"有借必有贷，借贷必相等"的记账规则，检查和验证账户记录正确性的一种方法。试算平衡表可定期或不定期地编制，是企业财务人员的常规会计工作之一。因为试算平衡表使用频繁，所以企业大多会事先印好企业名称、试算平衡表名称、账户名称，实际编制时只要填入各账户余额或发生额并予以汇总即可。借贷记账法的试算平衡有账户发生额试算平衡法和账户余额试算平衡法两种。

1. 账户发生额试算平衡法

账户发生额试算平衡法，是以本期全部账户的借方发生额合计数和贷方发生额合计数是否相等来检验账户记录正确性的一种试算平衡方法。其平衡公式为

全部账户本期借方发生额合计＝全部账户本期贷方发生额合计

根据借贷记账法"有借必有贷，借贷必相等"的记账规则，每一笔经济业务的会计分录，其借贷两方的发生额必然是相等的。一定时期内，所有账户的借方发生额合计数和贷方发生

额合计数分别是所有经济业务的会计分录的借方发生额和贷方发生额的累计。因此，将一定时期内的全部经济业务的会计分录全部登账后，所有账户的本期借方发生额和本期贷方发生额的合计数额也必然相等。

2. 账户余额试算平衡法

账户余额试算平衡法，是以全部账户期末的借方余额合计数和贷方余额合计数是否相等来检验账户记录正确性的一种试算平衡方法。其平衡公式为

$$全部账户的借方余额合计＝全部账户的贷方余额合计$$

根据借贷记账法的账户结构可知，所有账户的借方余额之和是资产的合计数，所有账户的贷方余额之和是权益(即债权人权益和所有者权益)的合计数，资产必然等于权益，因此，所有账户的期末借方余额合计数必然等于期末贷方余额合计数。

(三) 资产负债表编制规范

1. 资产负债表的内容和格式

资产负债表是反映企业在某一特定日期财务状况的报表。它反映企业在某一特定日期所拥有或控制的经济资源、所承担的现时义务和所有者对净资产的要求权。我国资产负债表采用账户式结构，报表分为左右两方，左方列示资产各项目，反映全部资产的分布及存在形态；右方列示负债和所有者权益各项目，反映全部负债和所有者权益的内容及构成情况。资产各项目按其流动性大小排列；负债各项目按其到期日远近排列。资产负债表左右双方平衡，即资产总计等于负债和所有者权益总计，如图 2-43 所示。

表首	编制单位：	资产负债表 年 月 日		会企01表 单位：元
	资产	期末数	负债和所有者权益	期末数
正表	流动资产：		流动负债：	按"资产＝负债＋所有者权益"原理，将资产、负债和所有者权益分左右两部分排列
	货币资金		短期借款	
	交易性金融资产		交易性金融负债	
	应收票据		应付票据	
	预付款项		预收款项	
	(略)		(略)	
	资产总计	双方总计存在平衡相等关系	负债和所有者权益总计	

图 2-43 资产负债表格式示意图

2. 资产负债表编制说明

资产负债表的编制是以日常会计核算记录的数据为基础进行归类、整理和汇总，加工成

报表项目的过程。我国资产负债表主体部分的各项目都列有"年初数"和"期末数"两个栏目，是一种比较资产负债表。以下分别说明各栏目的填列方法。

(1) 年初余额的填列方法。表中"年初余额"栏内各项目数字，应根据上年末资产负债表"期末余额"栏内所列数字填列。如果本年度资产负债表规定的各个项目的名称和内容同上年度不一致，应对上年年末资产负债表各项目的名称和数字按照本年度的规定进行调整，将调整后的数字填入本表"年初余额"栏内，如图2-44所示。

编制单位：	资产负债表 年 月 日			会企01表 单位：元	
资　　产	期末余额	年初余额	负债和所有者权益	期末余额	年初余额
流动资产：			流动负债：		
货币资金			短期借款		
交易性金融资产			交易性金融负债		
应收票据			应付票据		
应收账款			应付账款		
预付款项			预收款项		
其他应收款			应付职工薪酬		
存货			应交税费		
（略）			（略）		

（"年初余额"栏标注：可根据上年末资产负债表上的"期末数"填列；"期末余额"栏标注：根据有关账户的期末余额直接或计算填列）

图 2-44　资产负债表编制方法

(2) 期末余额的填列方法。"期末余额"是指某一资产负债表日的数字，即月末、季末、半年末或年末的数字。资产负债表各项目"期末余额"的数据，可以通过以下几种方式取得。

① 根据总账科目的余额填列，如"短期借款""应付职工薪酬""应交税费"等项目。

② 根据几个总账科目的余额计算填列，如"货币资金"项目，需根据"库存现金""银行存款""其他货币资金"三个总账科目余额合计填列。

③ 根据有关明细科目的余额计算填列，如"开发支出"项目，应根据"研发支出"科目所属的"资本化支出"明细科目期末余额填列；"其他应付款"项目，应根据"应付利息""应付股利"和"其他应付款"科目的期末余额合计数填列。

④ 根据总账科目和明细科目的余额分析计算填列，如"长期借款"项目，应根据"长期借款"总账科目余额扣除"长期借款"科目所属的明细科目中将在资产负债表日起一年内到期且企业不能自主地将清偿义务展期的长期借款后的金额填列。

⑤ 根据总账科目与其备抵科目抵销后的净额填列，如资产负债表中的"持有至到期投资""长期股权投资"等项目，应根据"持有至到期投资""长期股权投资"等科目的期末余额减去"持有至到期投资减值准备""长期股权投资减值准备"等科目余额后的净额填列；"持有待售资产"项目，应根据"持有待售资产"科目的期末余额，减去"持有待售资产减值准备"科目的期末余额后的金额填列；"无形资产"项目，应根据"无形资产"科目期末余额减去"累计摊销""无形资产减值准备"科目余额后的净额填列。

⑥ 综合运用上述填列方法分析填列，如资产负债表中的"存货"项目需根据"原材料""库存商品""委托加工物资""周转材料""材料采购""在途物资""发出商品""材料成本差异""生产成本"等总账科目期末余额的分析汇总数，再减去"存货跌价准备"备抵科目余额后的金额填列；"固定资产"项目，应根据"固定资产"科目的期末余额，减去"累计折旧"和"固定资产减值准备"科目的期末余额后的金额，以及"固定资产清理"科目的期末余额填列；"应付票据及应付账款"项目，应根据"应付票据"科目的期末余额，以及"应付账款"和"预付账款"科目所属的相关明细科目的期末贷方余额合计数填列。

(四) 利润表编制规范

1. 利润表的内容与格式

利润表是反映企业一定会计期间经营成果的报表。该表是按照各项收入、费用及构成利润的各个项目分类分项编制而成的。

常见的利润表结构主要有单步式和多步式两种。我国企业的利润表采用多步式格式，分以下三个步骤编制。第一步，以营业收入为基础，减去营业成本、税金及附加、销售费用、管理费用、财务费用、资产减值损失，加上公允价值变动收益(减去公允价值变动损失)和投资收益(减去投资损失)，计算出营业利润。第二步，以营业利润为基础，加上营业外收入，减去营业外支出，计算出利润总额。第三步，以利润总额为基础，减去所得税费用，计算出净利润(或净亏损)。我国企业利润表格式及编制方法如图 2-45 所示。

利 润 表

		会企02表
编制单位： ____年____月		单位：元

	项目	本期金额	上期金额
表首			
正表	一、营业收入	反映各项目自本年年初起至报告期末(本月末)止的累计发生数。应根据各项目"本年累计发生数"分析填列	可根据上年度利润表上的"本期金额"填列
	减：营业成本		
	税金及附加		
	销售费用		
	管理费用		
	研发费用		
	财务费用		
	其中：利息费用		
	利息收入		
	加：其他收益		
	投资收益 (损失以"-"号填列)		
	(略)		
	二、营业利润		
	加：营业外收入		
	减：营业外支出		
	三、利润总额		
	减：所得税费用		
	四、净利润		
	(略)		

图 2-45 利润表格式及编制方法

2. 利润表编制说明

按照我国企业利润表的格式要求，利润表中一般设有"本期金额"和"上期金额"两栏，其填列方法如下。

(1) 报表中"本期金额"栏反映各项目的年初至本月末实际发生数，编制时应根据有关损益类账户的发生额分析填列。"本期金额"的基本填列方法如下。

① 根据有关账户的发生额分析计算填列，如"营业收入"项目为"主营业务收入"和"其他业务收入"账户发生额之和，减去销售折让或销售退回虚增的发生额；"营业成本"项目为"主营业务成本"和"其他业务成本"账户发生额之和，减去销售折让或销售退回虚增的发生额。"研发费用"项目，应根据"管理费用"科目下的"研发费用"明细科目的发生额分析填列。

② 根据有关账户的发生额直接填列，如税金及附加、销售费用和财务费用等。"投资收益"账户为借方余额时以"-"填列。

(2) 报表中"上期金额"栏，反映各项目自上年度的累计实际发生数，根据上年度的利润表各项目的"本期金额"栏相关数据填列。如果上年度利润表的项目名称和内容与本年度利润表不一致，应对上年度利润表项目的名称和数字按本年度的规定进行调整，填入报表的"上期金额"栏。

在实务中编制利润表时，可将"本期金额"栏改为"本月数"栏，填列本月实际发生数；将"上期金额"改为"本年累计数"，反映各项目自年初起到报告期末止的累计实际发生数。

(五) 现金流量表编制规范

1. 现金流量表的内容与格式

现金流量表是指反映企业在一定会计期间现金和现金等价物流入和流出的报表。现金是指企业库存现金及可以随时用于支付的存款，不能随时用于支付的存款不属于现金。现金等价物是指企业持有的期限短、流动性强、易于转换为已知金额现金、价值变动风险很小的投资。期限短，一般是指从购买日起三个月内到期。现金等价物通常包括三个月内到期的债券投资等。权益性投资变现的金额通常不确定，因而不属于现金等价物。企业应当根据具体情况，确定现金等价物的范围，一经确定不得随意变更。

现金流量表包括主表和补充资料两部分。主表主要内容包括：经营、投资和筹资三项活动各自的现金流入小计、现金流出小计及现金流量净额(见图 2-46～图 2-48)、汇率变动对现金的影响额等。经营活动是指除投资、筹资以外的所有交易或事项。投资活动是企业长期资产的购建及处置活动，不包括在现金等价物范围内的投资及处置活动。筹资活动是导致企业资本规模和构成或者企业债务规模和构成发生变化的活动。

现金流量表（经营部分）

编制单位：　　　　　　　　　年　月　　　　　　　　　　单位：元

项目	本期金额	上期金额
一、经营活动产生的现金流量		
销售商品、提供劳务收到的现金		
收到的税费返还		
收到的其他与经营活动有关的现金		
经营活动现金流入小计		
购买商品、接受劳务支付的现金		
支付给职工及为职工支付的现金		
支付的各项税费		
支付的其他与经营活动有关的现金		
经营活动现金流出小计		
经营活动产生的现金流量净额		

图 2-46　现金流量表(经营活动)内容

现金流量表（投资部分）

编制单位：　　　　　　　　　年　月　　　　　　　　　　单位：元

项目	本期金额	上期金额
二、投资活动产生的现金流量		
收回投资收到的现金		
取得投资收益收到的现金		
处置固定资产、无形资产和其他长期资产收回的现金净额		
处置子公司及其他营业单位收到的现金净额		
收到的其他与投资活动有关的现金		
投资活动现金流入小计		
购建固定资产、无形资产和其他长期资产支付的现金		
投资所支付的现金		
取得子公司及其他营业单位支付的现金净额		
支付的其他与投资活动有关的现金		
投资活动现金流出小计		
投资活动产生的现金流量净额		

图 2-47　现金流量表(投资活动)内容

现金流量表（筹资部分）

编制单位：　　　　　　　　　年　月　　　　　　　　　　单位：元

三、筹资活动产生的现金流量	本期金额	上期金额
吸收投资所到的现金		
取得借款收到的现金		
收到其他与筹资活动有关的现金		
筹资活动现金流入小计		
偿还债务支付的现金		
分配股利、利润或偿付利息支付的现金		
支付的其他与筹资活动有关的现金		
筹资活动现金流出小计		
筹资活动产生的现金流量净额		

图 2-48　现金流量表(筹资活动)内容

2. 现金流量表编制说明

现金流量表主表中各项目的确定，可通过以下途径取得：第一，直接法，根据本期发生的影响现金流量的经济业务确定；第二，调整法，根据本期发生的全部经济业务，通过对利润表和资产负债表中的全部项目进行调整编制现金流量表。

(1) 经营活动产生的现金流量。企业应当采用直接法列示经营活动产生的现金流量。直接法是指通过现金收入和现金支出的主要类别列示经营活动的现金流量。采用直接法编制经营活动的现金流量时，一般以利润表中的营业收入为起算点，调整与经营活动有关的项目的增减变动，然后计算出经营活动的现金流量。

① "销售商品、提供劳务收到的现金"项目，反映企业销售商品、提供劳务实际收到的现金(含销售收入和应向购买者收取的增值税税额)。其主要包括：本期销售商品和提供劳务本期收到的现金，前期销售商品和提供劳务本期收到的现金，本期预收的商品款和劳务款等，本期发生销货退回而支付的现金应从销售商品或提供劳务收入款项中扣除。企业销售材料和代购代销业务收到的现金，也在本项目反映。与销售商品、提供劳务有关的经济业务主要涉及利润表中的"营业收入"项目，资产负债表中的"应交税费(销项税额部分)"项目、"应收账款"项目、"应收票据"项目和"预收款项"项目等，通过对上述项目进行分析，能够计算确定销售商品、提供劳务收到的现金。销售商品、提供劳务收到的现金的计算公式为

销售商品、提供劳务收到的现金＝销售商品、提供劳务产生的"收入和增值税销项税额"＋应收账款本期减少额(期初余额－期末余额)＋应收票据本期减少额(期初余额－期末余额)＋预收款项本期增加额(期末余额－期初余额)±特殊调整业务

上述公式中的特殊调整业务作为加项或减项的处理原则是：应收账款、应收票据和预收账款等账户(不含三个账户内部转账业务)借方对应的账户不是销售商品、提供劳务产生的"收入和增值税销项税额类"账户，则作为加项处理，如以非现金资产换入应收账款等；应收账款、应收票据和预收账款等账户(不含三个账户内部转账业务)贷方对应的账户不是"现金类"账户的业务，则作为减项处理，如客户用非现金资产抵偿债务等。

② "收到的税费返还"项目，反映企业收到返还的各种税费，如收到的增值税、所得税、消费税、关税和教育费附加等各种税费的返还款。本项目可以根据"库存现金""银行存款""应交税费""税金及附加"等账户的记录分析填列。

③ "收到其他与经营活动有关的现金"项目，反映企业除了上述各项目以外收到的其他与经营活动有关的现金流入，如罚款收入、流动资产损失中由个人赔偿的现金收入等。本项目可根据"营业外收入""营业外支出""库存现金""银行存款""其他应收款"等账户的记录分析填列。

④ "购买商品、接受劳务支付的现金"项目，反映企业购买商品、接受劳务支付的现金(包括支付的增值税进项税额)。其主要包括本期购买商品、接受劳务支付的现金，本期支付前期购买商品、接受劳务的未付款项和本期预付款项。企业购买材料和代购代销业务支付的现金也在本项目反映。本期发生购货退回而收到的现金应从购买商品或接受劳务支付的款项中扣除。与购买商品、接受劳务有关的经济业务主要涉及利润表中的"营业成本"项目，资产负债表中的"应交税费(进项税额部分)"项目、"应付账款"项目、"应付票据"

项目、"预付款项"项目和"存货"项目等，通过对上述项目进行分析，则能够计算确定购买商品、接受劳务支付的现金。购买商品、接受劳务支付的现金的计算公式为

购买商品、接受劳务支付的现金＝购买商品、接受劳务产生的"销售成本和增值税进项税额"＋应付账款本期减少额(期初余额－期末余额)＋应付票据本期减少额(期初余额－期末余额)＋预付款项本期增加额(期末余额－期初余额)＋存货本期增加额(期末余额－期初余额)±特殊调整业务

上述公式中的特殊调整业务作为加项或减项的处理原则是：应付账款、应付票据、预付款项和"存货类"等账户(不含四个账户内部转账业务)借方对应的账户不是购买商品、接受劳务产生的"现金类"账户，则作为减项处理，如分配的工资费用等；应付账款、应付票据、预付款项和"存货类"等账户(不含四个账户内部转账业务)贷方对应的账户不是"销售成本和增值税进项税额类"账户，则作为加项处理，如工程项目领用本企业商品等。

⑤ "支付给职工以及为职工支付的现金"项目，反映企业实际支付给职工及为职工支付的工资、奖金、各种津贴和补贴等(含为职工支付的养老、失业等各种保险和其他福利费用，但不含为离退休人员支付的各种费用和固定资产在建人员的工资)。本项目可根据"库存现金""银行存款""应付职工薪酬""生产成本"等账户的记录分析填列。

⑥ "支付的各项税费"项目，反映的是企业按规定支付的各项税费和有关费用。但不包括已计入固定资产原价而实际支付的耕地占用税和本期退回的增值税、所得税。本项目应根据"应交税费""库存现金""银行存款"等账户的记录分析填列。

⑦ "支付的其他与经营活动有关的现金"项目，反映企业除上述各项外，支付的其他与经营活动有关的现金，包括罚款支出、差旅费、业务招待费、保险费支出、支付的离退休人员的各项费用等。本项目应根据"管理费用""销售费用""营业外支出"等账户的记录分析填列。

(2) 投资活动产生的现金流量，具体内容如下。

① "收回投资所收到的现金"项目，反映企业出售、转让和到期收回的除现金等价物以外的交易性金融资产、长期股权投资而收到的现金，以及收回持有至到期投资本金而收到的现金，不包括持有至到期投资收回的利息及收回的非现金资产。本项目应根据"交易性金融资产""长期股权投资""库存现金""银行存款"等账户的记录分析填列。

② "取得投资收益所收到的现金"项目，反映企业因股权性投资而分得的现金股利、分回利润所收到的现金及债权性投资取得的现金利息收入。本项目应根据"投资收益""库存现金""银行存款"等账户的记录分析填列。

③ "处置固定资产、无形资产和其他长期资产所收回的现金净额"项目，反映处置上述各项长期资产所取得的现金减去为处置这些资产所支付的有关费用后的净额。本项目可根据"固定资产清理""库存现金""银行存款"等账户的记录分析填列。如果该项目所收回的现金净额为负数，应在"支付的其他与投资活动有关的现金"项目填列。

④ "收到的其他与投资活动有关的现金"项目，反映除上述各项以外，收到的其他与投资活动有关的现金流入。本项目应根据"库存现金""银行存款"和其他有关账户的记录分析填列。

⑤ "购建固定资产、无形资产和其他长期资产所支付的现金"项目,反映企业购买、建造固定资产,取得无形资产和其他长期资产所支付的现金。其中,企业为购建固定资产支付的现金,包括购买固定资产支付的价款现金及增值税款、固定资产购建支付的现金,但不包括购建固定资产的借款利息支出和融资租入固定资产的租赁费。本项目应根据"固定资产""无形资产""在建工程""库存现金""银行存款"等账户的记录分析填列。

⑥ "投资所支付的现金"项目,反映企业在现金等物以外进行交易性金融资产、长期股权投资、持有至到期投资所实际支付的现金,包括因佣金、手续费所支付的现金。但不包括企业购买股票和债券时,实际支付价款中包含的已宣告尚未领取的现金股利或已到付息期但尚未领取的债券利息。本项目应根据"交易性金融资产""长期股权投资""持有至到期投资""库存现金""银行存款"等账户记录分析填列。

⑦ "支付的其他与投资活动有关的现金"项目,反映企业除了上述各项以外,支付的与投资活动有关的现金,包括企业购买股票和债券时,实际支付价款中包含的已宣告尚未领取的现金股利或已到付息期但尚未领取的债券利息等。本项目应根据"库存现金""银行存款""应收股利""应收利息"等账户的记录分析填列。

(3) 筹资活动产生的现金流量,具体内容如下。

① "吸收投资所收到的现金"项目,反映企业收到投资者投入的现金,包括以发行股票、债券等方式筹集资金实际收到的款项净额(即发行收入减去支付的佣金等发行费用后的净额)。本项目可根据"实收资本(或股本)""应付债券""库存现金""银行存款"等账户的记录分析填列。

② "取得借款收到的现金"项目,反映企业举借各种短期借款、长期借款而收到的现金。本项目可根据"短期借款""长期借款""银行存款"等账户的记录分析填列。

③ "收到的其他与筹资活动有关的现金"项目,反映企业除上述各项以外,收到的其他与筹资活动有关的现金流入。本项目应根据"库存现金""银行存款"和其他有关账户的记录分析填列。

④ "偿还债务所支付的现金"项目,反映企业以现金偿还债务的本金,包括偿还金融机构的借款本金、偿还到期的债券本金等。本项目可根据"短期借款""长期借款""应付债券""库存现金""银行存款"等账户的记录分析填列。

⑤ "分配股利、利润或偿还利息所支付的现金"项目,反映企业实际支付的现金股利、支付给投资人的利润或用现金支付的借款利息、债券利息等。本项目可根据"应付股利(或应付利润)""财务费用""长期借款""应付债券""库存现金""银行存款"等账户的记录分析填列。

⑥ "支付的其他与筹资活动有关的现金"项目,反映除了上述各项目以外,支付的与筹资活动有关的现金,如发行股票债券所支付的审计、咨询费用等。该项目可根据"库存现金""银行存款"和其他有关账户的记录分析填列。

(4) 汇率变动对现金的影响。本项目反映企业的外币现金流量发生日所采用的汇率与期末汇率的差额对现金的影响数额。

(5) 现金及现金等价物的净增加额。"现金及现金等价物的净增加额"项目,是将本表中"经营活动产生的现金流量净额""投资活动产生的现金流量净额""筹资活动产生的现金流量净额"和"汇率变动对现金的影响"四个项目相加得出的。

(6) 期末现金及现金等价物余额。本项目是将计算出来的现金及现金等价物净增加额加上期初现金及现金等价物金额求得。它应该与企业期末的全部货币资金与现金等价物的合计余额相等。

(7) 补充资料。除现金流量表反映的信息外，企业还应该在附注中披露将净利润调节为经营活动的现金流量，以及不涉及现金收支的重大投资和筹资活动、现金和现金等价物净变动情况等信息，也就是要求按间接法编制现金流量表的补充资料。

① 将净利润调节为经营活动的现金流量。现金流量表采用直接法反映经营活动的现金流量，同时，企业还应采用间接法反映经营活动产生的现金流量。间接法，是指以企业本期净利润为起算点，通过调整不涉及现金的收入和费用、营业外收支及经营性应收应付等项目的增减变动，调整不属于经营活动的现金收支项目，据此计算并列报经营活动产生的现金流量的方法。现金流量表补充资料是对现金流量表采用直接法反映的经营活动现金流量进行核对和补充说明。

采用间接法列报经营活动产生的现金流量时，需要对四大类项目进行调整：第一，实际没有支付现金的费用；第二，实际没有收到现金的收益；第三，不属于经营活动的损益；第四，经营性应收应付项目的增减变动。企业利润表中反映的净利润是以权责发生制为基础核算的，而且包括了投资活动、筹资活动的收入和费用。将净利润调节为经营活动的现金流量，就是要按收付实现制的原则，将净利润按各项目调整为现金净流入，并且要剔除投资和筹资活动对现金流量的影响。对这些项目的调整过程，就是按间接法编制经营活动现金流量表的过程。

将净利润调节为经营活动的现金流量是以净利润为基础，因为净利润是现金净流入的主要来源。但净利润与现金净流入并不相等，所以需要在净利润基础上，将净利润调整为现金净流入。在净利润基础上进行调整的项目具体如下。

"计提的资产减值准备"项目：企业计提的各项资产减值准备，包括坏账准备、存货跌价准备以及各项长期资产的减值准备等已经记入了"资产减值损失"科目，期末结转到"本年利润"账户，从而减少了净利润。但是计提资产减值准备并不需要支付现金，即没有减少现金流量。所以应将计提的各项资产减值准备，在净利润基础上予以加回。本项目应根据"资产减值损失"账户的记录分析填列。

"固定资产折旧"项目：工业加工企业计提的固定资产折旧，一部分增加了产品的成本；另一部分增加了期间费用(如管理费用、销售费用等)，计入期间费用的部分直接减少了净利润，计入产品成本的部分，一部分转入了主营业务成本，也直接冲减了净利润；产品尚未变现的部分，折旧费用加到了存货成本中，存货的增加是作为现金流出进行调整的。而实际上全部的折旧费用并没有发生现金流出。所以，应在净利润的基础上将折旧的部分予以加回。本项目应根据"累计折旧"账户的贷方发生额分析填列。

"无形资产摊销"项目：企业的无形资产摊销是计入管理费用的，冲减了净利润，但无形资产摊销并没有发生现金流出，所以无形资产当期摊销的价值应在净利润的基础上予以加回。该项目可根据"累计摊销"账户的记录分析填列。

"长期待摊费用摊销"项目：长期待摊费用的摊销与无形资产摊销一样，已经计入了损益，但没有发生现金流出，所以项目应在净利润的基础上予以加回。

"处置固定资产、无形资产和其他长期资产的损失"项目：处置固定资产、无形资产和其他长期资产发生的损益，属于投资活动产生的损益，不属于经营活动产生的损益，但却影响了当期净利润。所以在将净利润调节为经营活动现金流量时应予以剔除。如果为净损失，应当予以加回；如果为净收益，应予以扣除，即用"-"号列示。本项目可根据"营业外收入""营业外支出"或"资产处置损益"等账户所属明细账户的记录分析填列。

"固定资产报废损失"项目：本项目反映企业当期固定资产盘亏后的净损失(或盘盈后的净收益)。企业发生固定资产盘亏盘盈损益，属于投资活动产生的损益，不属于经营活动产生的损益，但却影响了当期净利润。所以在将净利润调节为经营活动现金流量时应予以剔除。如为净损失，应当予以加回；如果为净收益，应予以扣除，即用"-"号列示。本项目可根据"营业外收入""营业外支出"等账户所属明细账户的记录分析填列。

"公允价值变动损失"项目：该项目反映企业持有的交易性金融资产、交易性金融负债、采用公允价值模式计量的投资性房地产等公允价值变动形成的净损失。因为公允价值变动损失影响了当期净利润，但并没有发生现金流出，所以应进行调整。如果为净收益以"-"号列示。本项目可根据"公允价值变动损益"科目所属有关明细科目的记录分析填列。

"财务费用"项目：一般企业，财务费用主要是借款发生的利息支出(减存款利息收入)。财务费用属于筹资活动发生的现金流出，而不属于经营活动的现金流量。但财务费用作为期间费用，已直接计入企业经营损益，影响了净利润。所以在将净利润调节为经营活动现金流量时应予以剔除。财务费用如果为借方余额，应予以加回；如果为贷方余额，应予以扣除。本项目应根据利润表"财务费用"项目填列。

"投资损失"项目：企业发生的投资损益，属于投资活动的现金流量，不属于经营活动的现金流量。但投资损失已直接计入企业当期利润，影响了净利润，所以在将净利润调节为经营活动现金流量时应予以剔除。如果为投资净损失，应当予以加回；如果为投资净收益，应予以扣除，即用"-"号列示。该项目可根据利润表中"投资收益"项目的金额填列。

"递延所得税资产减少"项目：该项目反映企业资产负债表"递延所得税资产"项目的期初余额与期末余额的差额。递延所得税资产的减少增加了所得税费用，减少了利润，而递延所得税资产的减少并没有增加现金流出，所以应在净利润的基础上予以加回。相反，如果是递延所得税资产增加，则应用"-"号填列。本项目可以根据"递延所得税资产"科目分析填列。

"递延所得税负债增加"项目：递延所得税负债的增加，增加了当期所得税费用，但并没有因此增加现金流出，所以应在净利润的基础上予以加回。相反，如果是递延所得税负债减少，则应用"-"号填列。本项目可以根据"递延所得税负债"科目分析填列。

"存货的减少"项目：当期存货减少，说明本期经营中耗用的存货有一部分是期初的存货，这部分存货当期没有发生现金流出，但在计算净利润时已经进行了扣除。所以在将净利润调节为经营活动现金流量时应当予以加回。如果期末存货比期初增加，说明当期购入的存货除本期耗用外还剩余一部分。这部分存货已经发生了现金流出，但这部分存货没有减少净利润。所以在将净利润调节为经营活动现金流量时应予以扣除，即用"-"号列示。总之，存货的减少，应视为现金的增加，应予加回现金流量；存货的增加，应视为现金的减少，应予扣除现金流量。该项目可根据资产负债表"存货"项目的期初、期末数之间的差额填列。

"经营性应收项目的减少"项目：经营性应收项目的减少(如应收账款、应收票据、其他应收款等项目中与经营活动有关的部分的减少)，说明本期收回的现金大于利润表中确认的主营业务收入，即将上期实现的收入由本期收回了现金，形成了本期的现金流入，但净利润却没有增加。所以在将净利润调节为经营活动现金流量时，将本期经营性应收项目减少的部分应予以加回。但上述各应收项目如果增加，即经营性各应收项目的期末余额大于期初余额，则表明本期的销售收入中有一部分没有收回，从而减少了现金的流入，在将净利润调节为经营活动现金流量时应予以扣除。本项目应根据各应收项目账户所属的明细账户的记录分析填列。

"经营性应付项目的增加"项目：经营性应付项目的增加(如应付账款、应付票据、应付职工薪酬、应付福利费、应交税费、其他应付款等项目中与经营活动有关的部分的增加)，说明本期购入的存货中有一部分没有支付现金，净利润不变，但现金流出减少了，从而现金流量肯定增加了。所以在将净利润调节为经营活动现金流量时，本期经营性应付项目增加的部分应予以加回。如果上述经营性应付项目减少，即期末余额小于期初余额，说明除将本期购入的存货全部付款了以外，还支付了上期的应付款项，所以现金流出增加了，现金净流量减少了。在将净利润调节为经营活动现金流量时，应将本期经营性应付项目减少的部分予以扣除。本项目应根据各应付项目账户所属的明细账户的记录分析填列。

② 不涉及现金收支的投资和筹资活动。该项目反映企业一定会计期间内影响资产和负债但不形成该期现金收支的所有重大投资和筹资活动的信息。这些投资和筹资活动是企业的重大理财活动，对以后各期的现金流量会产生重大影响，因此，应单列项目在补充资料中反映。该项目包括：第一，债务转为资本，反映企业本期转为资本的债务金额；第二，一年内到期的可转换公司债券，反映企业一年内到期的可转换公司债券的本息；第三，融资租入固定资产，反映企业本期融资租入固定资产的最低租赁付款额扣除应分期计入利息费用的未确认融资费用后的净额。

(六) 所有者权益变动表编制规范

1. 所有者权益变动表的内容及格式

所有者权益变动表是指反映构成所有者权益的各组成部分当期的增减变动情况的报表。当期损益直接计入所有者权益的利得和损失，与所有者或股东(下同)的资本交易导致的所有者权益的变动，应当分别列示。

在所有者权益变动表中，企业至少应当单独列示反映下列信息的项目：净利润；直接计入所有者权益的利得和损失项目及其总额；会计政策变更和差错更正的累积影响金额；所有者投入资本和向所有者分配利润等；按照规定提取的盈余公积；实收资本或股本、资本公积、盈余公积、未分配利润的期初和期末余额及其调节情况，如图2-49所示。

所有者权益变动表

编制单位：　　　　　　　　　　　　　　　年度　　　　　　　　　　　　　　　会企04表
单位：元

项目	本期金额								上年金额							
	实收资本(或股本)	其他权益工具		资本公积	减：库存股	其他综合收益	盈余公积	未分配利润	所有者权益合计	实收资本(或股本)	其他权益工具		资本公积	减：库存股	其他综合收益	盈余公积	未分配利润	所有者权益合计
		优先股	永续债								优先股	永续债						
一、上年年末余额																		
加：会计政策变更																		
前期差错更正																		
其他																		
二、本年年初余额																		
三、本年增减变动金额（减少以"-"号填列）																		
(一) 综合收益总额																		
(二) 所有者投入和减少资本																		
1. 所有者投入的普通股																		
2. 其他权益工具持有者投入资本																		
3. 股份支付计入所有者权益的金额																		
4. 其他																		
(三) 利润分配																		
1. 提取盈余公积																		
2. 对所有者(或股东)的分配																		
3. 其他																		
(四) 所有者权益内部结转																		
1. 资本公积转增资本(或股本)																		
2. 盈余公积转增资本(或股本)																		
3. 盈余公积弥补亏损																		
4. 设定受益计划变动额结转留存收益																		
5. 其他																		
四、本年年末余额																		

图 2-49　所有者权益变动表示例

2. 所有者权益变动表编制说明

(1) "上年年末余额"项目，反映企业上年资产负债表中实收资本(或股本)、资本公积、库存股、盈余公积、未分配利润的年末余额。"会计政策变更""前期差错更正"项目，分别反映企业采用追溯调整法处理的会计政策变更的累积影响金额和采用追溯重述法处理的会计差错更正的累积影响金额。

(2) "本年年初余额"项目，根据"上年年末余额"+"会计政策变更"+"前期差错更正"计算填列。

(3) "本年增减变动金额"项目，具体如下。

① "综合收益总额"项目，反映企业当年实现的综合收益金额。

② "所有者投入和减少资本"项目，反映企业当年所有者投入的资本和减少的资本，包括四项：第一，所有者投入的普通股；第二，其他权益工具持有者投入资本；第三，股份支付计入所有者权益的金额；第四，其他。

③ "利润分配"项目，反映企业当年的利润分配金额，包括三项：第一，"提取盈余公积"项目，反映企业当年按照规定提取的盈余公积的利润分配金额；第二，"对所有者(或股东)的分配"项目，反映企业构成所有者(或股东)分配的利润(或股利)金额；第三，其他。

④ "所有者权益内部结转"项目，反映企业构成所有者权益的组成部分之间的增减变动情况，主要包括五项：第一，"资本公积转增资本(或股本)"项目，反映企业以资本公积转增资本或股本的金额；第二，"盈余公积转增资本(或股本)"项目，反映企业以盈余公积转增资本或股本的金额；第三，"盈余公积弥补亏损"项目，反映企业以盈余公积弥补亏损的金额；第四，设定受益计划变动额结转留存收益；第五，其他。

第三部分

会计综合实训企业仿真模拟资料

一、公司概况[①]

(一) 公司基本情况

公司基本情况如下：

公司名称：杭州梦舒纺织有限责任公司

法人代表：夏宇飞

成立日期：2009 年 1 月 1 日

注册资本：2 000 万元

经营范围：从事棉纱、平布等产品的生产和销售

公司地址：浙江省杭州市滨江区春晓路 123 号

邮编：310051

开户银行：中国工商银行杭州钱江支行

账号：1202026219900061033

税务登记号：913301006605775500

记账本位币：人民币(RMB)

(二) 公司组织结构

公司组织结构如图 3-1 所示。公司下设采购部、生产部、质检部、行政部、人力资源部、财务部、销售部和仓储部。其中，生产部下设两个基本生产车间和一个辅助生产车间，基本生产车间包括纺纱车间和织布车间，分别生产中特棉纱、细特棉纱和中平布、细布。辅助生产车间是指机修车间，为基本生产车间提供服务。

---

① 本书涉及的企业机构、数据、人物等均为模拟信息，专为本书制作编写。

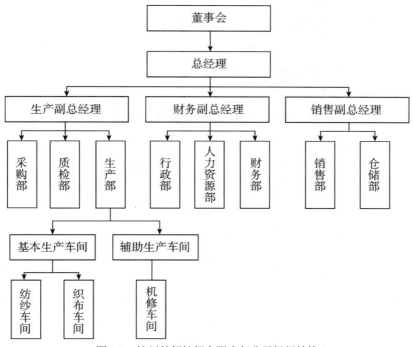

图 3-1　杭州梦舒纺织有限责任公司组织结构

公司各机构、部门的主要职责如下。

(1) 董事会。董事会负责召集股东大会；执行股东大会决议并向股东大会报告工作；决定公司的生产经营计划和投资方案；决定公司内部管理机构的设置；批准公司的基本管理制度；听取总经理的工作报告并做出决议；制定公司年度财务预算、决算方案和利润分配方案，弥补亏损方案；对公司增加或减少注册资本、分立、合并、终止和清算等重大事项提出方案；聘任或解聘公司总经理、副总经理、财务部门负责人，并决定其奖惩。

(2) 采购部。采购部负责原材料、辅助材料和包装材料的采购。

(3) 生产部。生产部下设纺纱车间和织布车间两个基本生产车间、一个辅助生产车间机修车间。纺纱车间生产中特棉纱和细特棉纱，织布车间生产中平布和细布；机修车间主要为基本生产车间提供服务。

(4) 质检部。质检部负责材料、产品质量检验及企业信息化支持服务等工作。

(5) 行政部。行政部负责企业行政管理、日常事务、企业策划、安全保卫、后勤服务等工作。

(6) 人力资源部。人力资源部负责企业人力资源管理工作，包括绩效考核和薪酬管理等。

(7) 财务部。财务部负责公司财务、会计管理、工资(奖金)考核及财务审计、成本分析工作。

(8) 销售部。销售部负责半成品和成品的销售。

(9) 仓储部。仓储部负责原材料、半成品、成品的管理工作。

(三) 岗位设置及人员分工

根据企业各部门的实际情况，设置相应的岗位，全公司设有 25 个岗位。各部门岗位设置及职员情况如表 3-1 所示。

表3-1 杭州梦舒纺织有限责任公司各部门岗位及职员情况

编号	所属部门	担任职务	职员名称	类别
1	行政部	总经理	夏宇飞	企业管理
2		生产副总经理	潘 虹	企业管理
3		财务副总经理	蔡 明	企业管理
4		销售副总经理	张建峰	企业管理
5	行政部	主任	冯 绍	企业管理
6		秘书	李 芳	企业管理
7	人力资源部	人事管理	张中亚	企业管理
8	财务部	财务主管	倪 可	企业管理
9		总账会计	陈 杰	企业管理
10		出纳	纪楠也	企业管理
11	采购部	采购员	胡 晓	企业管理
12		采购员	张小帅	企业管理
13	纺纱车间	车间主任	杨 洋	车间管理
14		车间班长	王 达	车间管理
15		高级工人	胡 攀	基本生产
16		高级工人	章纪中	基本生产
17		工人	柯 玉	基本生产
18		工人	楚 奇	基本生产
19		工人	陈书达	基本生产
20		工人	王小安	基本生产
21		工人	李 可	基本生产
22		工人	胡小小	基本生产
23	织布车间	车间主任	段 誉	车间管理
24		车间班长	赵 都	车间管理
25		高级工人	黄小莉	基本生产
26		高级工人	雨 薇	基本生产
27		工人	葛 革	基本生产
28		工人	万 杰	基本生产
29		工人	赵 凌	基本生产
30		工人	夏 峰	基本生产

(续表)

编号	所属部门	担任职务	职员名称	类别
31	织布车间	工人	余丰莲	基本生产
32	织布车间	工人	彭喜庆	基本生产
33	机修车间	车间主任	王和伟	辅助生产
34	机修车间	工人	丁裕	辅助生产
35	质检部	质检员	谢韵	企业管理
36	销售部	销售组长	刘霞	企业销售
37	销售部	销售组长	余健	企业销售
38	销售部	销售组长	谢敏	企业销售
39	销售部	销售员	刘小雨	企业销售
40	销售部	销售员	万小燕	企业销售
41	销售部	销售员	倪妮	企业销售
42	销售部	销售员	杨金	企业销售
43	销售部	销售员	刘笃	企业销售
44	销售部	销售员	李妍来	企业销售
45	仓储部	管理员	刘翰	企业管理
46	仓储部	管理员	汪峰	企业管理

(四) 产品生产流程

产品的主要原材料为原棉。产品有半成品棉纱，包括中特棉纱、细特棉纱，以及成品平布，包括中平布、细布。

纺纱车间从材料库领取棉花及辅助材料，将棉花经过多道工序加工制成棉纱，包括中特棉纱和细特棉纱，一部分棉纱对外进行销售，一部分棉纱由织布车间经过多道工序加工制成成品，包括中平布和细布，这些成品全部对外进行销售。机修车间主要为基本生产车间提供服务，必要时需到材料库领取外购配件，包括胶圈、钢扣、轴承等。生产工艺流程具体如图 3-2 所示。

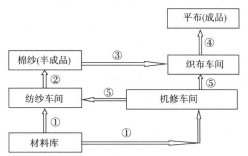

注：①领用材料；②生产加工；③领用半成品；④进一步生产加工；⑤提供劳务

图 3-2 生产工艺流程

二、公司主要会计制度

(一) 采用会计标准

杭州梦舒纺织有限责任公司依据《企业会计准则》，月末编报资产负债表和利润表，年末编报资产负债表、利润表、现金流量表和所有者权益变动表。

(二) 账务处理程序

该公司采用科目汇总表账务处理程序，每月 15 日和月末分两期编制科目汇总表并据以登记总账。科目汇总表账务处理程序，如图 3-3 所示。

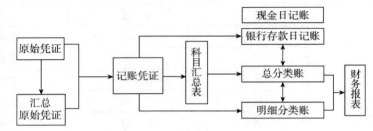

图 3-3　科目汇总表账务处理程序

(1) 根据原始凭证编制汇总原始凭证。
(2) 根据原始凭证或者汇总原始凭证编制记账凭证。
(3) 根据收、付款记账凭证逐笔登记现金日记账和银行存款日记账。
(4) 根据记账凭证并参考原始凭证登记各种明细分类账。
(5) 根据记账凭证编制科目汇总表。
(6) 根据科目汇总表登记总分类账。
(7) 期末，现金日记账、银行存款日记账和各种明细分类账的余额与总分类账的有关账户的余额核对相符。
(8) 期末，根据总分类账和明细分类账的记录编制财务报表。

(三) 会计年度

以公历 1 月 1 日起至 12 月 31 日止为一个会计年度。

(四) 记账本位币

以人民币为记账本位币。

(五) 记账基础和计价原则

会计核算以权责发生制为记账基础，资产以历史成本为计价原则。其后如果发生减值，则按规定计提减值准备。

(六) 坏账准备的计提方法和标准

对坏账损失采用备抵法。公司于期末按照应收款项账目余额 5% 的比例提取坏账准备。

(七) 存货核算

(1) 存货分为原材料(包括材料采购、辅助材料、外购配件)、在产品、自制半成品、库存商品、周转材料 5 大类。存货盘存制度采用永续盘存制。

(2) 本月入库的自制半成品和产成品的实际成本于月终根据"产成品成本汇总表"一次结转。

(3) 存货的收发按实际成本核算。

(4) 本月领用的原材料和自制半成品采用月末一次加权平均法计价，并于月终编制汇总表一次结转；本月领用的周转材料采用月末一次加权平均法计价，采用一次摊销法进行摊销。

(5) 本月销售发出的中特棉纱、细特棉纱、中平布、细布的实际单位成本按全月一次加权平均法计算，并在月终根据"产品销售成本计算表"对已经销售的自制半成品和产成品的总成本进行一次结转。其他产品成本随销随转。

(八) 产品成本计算方法

完工产品与在产品费用分配采用完工程度约当产量法，工资费用的分配和制造费用的分配采用生产工时比例分配法。其中，中特棉纱、细特棉纱、中平布、细布的工时比例为 1∶1∶1∶1。另外，生产 1 m² 中平布需要 0.8 kg 的中特棉纱，生产 1 m² 细布需要 1 kg 细特棉纱。辅助生产费用采用直接分配法核算。

(九) 固定资产核算方法

固定资产按照企业会计制度规定，按月提取折旧。折旧方法采用平均年限法计算，固定资产净残值率按 0 计算。其大修理等维护支出，在发生时直接计入当期损益。

(十) 无形资产计价和摊销方法

无形资产按取得时的实际成本计价，并按其预计收益年限平均摊销。具体摊销年限如

表 3-2 所示。

表3-2　无形资产摊销年限

类别	摊销年限
专利权	10 年
专有技术	10 年

(十一) 长期股权投资核算方法

采用权益法核算的长期股权投资，对长期投资取得时初始投资成本与在被投资单位所有者权益中所占的份额有借方差额的，按 10 年的期限平均摊销。

(十二) 借款利息的处理方法

短期借款利息按季结算；长期借款利息按月计提，每月支付一次。

(十三) 根据职工工资计提代扣的相关保险、税费

根据国家相关规定，单位承担并缴纳的养老保险、医疗保险、失业保险、工伤保险、住房公积金分别按参保人员的应税工资的 14%、9.5%、0.5%、0.6%、12%计提。由职工个人承担的养老保险、医疗保险、失业保险、住房公积金分别按本人应税工资的 8%、2%、0.5%、12%计提。工会经费按工资总额的 2%计提，职工教育经费按工资总额的 2.5%计提。

按照国家有关规定，单位代扣个人所得税。个人工资与薪金所得税税率，如表 3-3 所示，计算公式为

$$月应纳税额 = 月应纳税所得额 \times 适用税率 - 速算扣除数$$

$$月应纳税所得额 = 月工资、薪金所得 - 5\,000$$

$$月工资、薪金所得 = 月应付工资 - 住房公积金 - 社会保险费$$

表3-3　个人工资与薪金所得税税率表

级数	全年应纳税所得额	税率/%	速算扣除数
1	不超过 36 000 元的	3	0
2	超过 36 000 元至 144 000 元的部分	10	2 520
3	超过 144 000 元至 300 000 元的部分	20	16 920
4	超过 300 000 元至 420 000 元的部分	25	31 920
5	超过 420 000 元至 660 000 元的部分	30	52 920
6	超过 660 000 元至 960 000 元的部分	35	85 920
7	超过 960 000 元的部分	45	181 920

(十四) 所得税的会计处理方法

所得税的会计处理采用资产负债表债务法。公司的所得税按季预缴，年终汇缴清算。截至 12 月 31 日已预缴企业所得税 1 500 000 元。

(十五) 主要税项及其税率

主要税项及其税率，如表 3-4 所示。

表3-4 主要税项及其税率

税项	税率
增值税	• 销售货物、提供劳务 13% • 交通运输业、不动产租赁 9% • 销售无形资产 6%
城市维护建设税	7%
教育费附加	3%
地方教育费附加	2%
房产税	• 自用建筑物：按原值扣除 30%，税率为 1.2% • 出租建筑物：年租金收入的 12%
城镇土地使用税	8 元/m^2
车船税	9 人以下座的客车每年 360 元，货车每年每吨 60 元

(十六) 投资性房地产核算方法

公司所在地没有活跃的房地产市场，房地产公允价值不能可靠计量，投资性房地产采用成本模式计量。

三、公司财务资料

(一) 2023 年 11 月 30 日资产负债表

公司 2023 年 11 月 30 日的资产负债表，如表 3-5 所示。

表3-5　杭州梦舒纺织有限责任公司资产负债表

编制单位：杭州梦舒纺织有限责任公司　　　2023年11月30日　　　　　　　　　　　　　　单位：元

资产	行次	期末余额	年初余额	负债和所有者权益(或股东权益)	行次	期末余额	年初余额
流动资产：				流动负债：			
货币资金	1	3 020 326.30	2 593 972.00	短期借款	33	500 000.00	
交易性金融资产	2	150 000.00	200 000.00	交易性金融负债	34		
应收票据	3	2 560 000.00	2 563 920.00	应付票据	35	1 020 000.00	1 180 450.00
应收账款	4	6 055 455.58	1 132 515.00	应付账款	36	3 787 561.30	1 812 120.42
预付款项	5	10 000.00		预收款项	37		
应收利息	6			应付职工薪酬	38	152 618.40	152 618.40
应收股利	7		10 000.00	应交税费	39	1 109 148.08	1 130 233.40
其他应收款	8	8 000.00		应付利息	40		
存货	9	5 370 033.00	5 345 320.00	应付股利	41		
一年内到期的非流动资产	10			其他应付款	42	16 293.00	16 293.00
其他流动资产	11			一年内到期的非流动负债	43		
流动资产合计	12	17 173 814.88	11 845 727.00	其他流动负债	44		
非流动资产：				流动负债合计	45	6 585 620.78	4 291 715.22
债权投资	13			非流动负债：			
其他债权投资	14			长期借款	46	5 000 000.00	10 000 000.00
长期应收款	15			应付债券	47		
长期股权投资	16	500 000.00	500 000.00	长期应付款	48		
其他权益工具投资	17			专项应付款	49		
投资性房地产	18			预计负债	50		
固定资产	19	9 746 883.33	11 155 891.67	递延所得税负债	51		
在建工程	20	500 000.00		其他非流动负债	52		
工程物资	21			非流动负债合计	53	5 000 000.00	10 000 000.00
固定资产清理	22			负债合计	54	11 585 620.78	14 291 715.22
生产性生物资产	23			所有者权益(或股东权益)：			
油气资产	24			实收资本(或股本)	55	8 000 000.00	8 000 000.00
无形资产	25	416 666.67	462 500.00	资本公积	56	700 000.00	700 000.00
开发支出	26			减：库存股	57	620 000.00	620 000.00
商誉	27			盈余公积	58	7 431 744.10	352 403.45
长期待摊费用	28			未分配利润	59	16 751 744.10	9 697 403.45
递延所得税资产	29			所有者权益(或股东权益)合计	60		
其他非流动资产	30						
非流动资产合计	31	11 163 550.00	12 118 391.67				
资产总计	32	28 337 364.88	23 964 118.67	负债和所有者权益(或股东权益)总计	61	28 337 364.88	23 964 118.67

（二）2023年1—11月利润表

公司2023年1—11月的利润表，如表3-6所示。

表3-6　杭州梦舒纺织有限责任公司利润表

编制单位：杭州梦舒纺织有限责任公司　　　2023年1—11月　　　　　　　　　单位：元

项目	本年累计
一、营业收入	60 767 207.00
减：营业成本	43 163 496.37
税金及附加	167 283.69
销售费用	3 455 031.37
管理费用	4 087 600.06
财务费用	224 505.00
资产减值损失	
加：公允价值变动损益(损失以"-"号填列)	
投资收益(损失以"-"号填列)	88 000.00
其中：对联营企业和合营企业的投资收益	
影响营业利润的其他科目	
二、营业利润	9 757 290.51
营业外收入	5 000.00
减：营业外支出	143 000.00
三、利润总额	9 619 290.51
减：所得税费用	2 249 546.41
四、净利润	7 369 744.10
（一）持续经营净利润	
（二）终止经营净利润	
五、其他综合收益的税后净额	
（一）不能重分类进损益的其他综合收益	
1. 重新计量设定受益计划变动额	
2. 权益法下不能转损益的其他综合收益	
（二）将重分类进损益的其他综合收益	
权益法下可转损益的其他综合收益	
（略）	
六、综合收益总额	
七、每股收益	
（一）基本每股收益	
（二）稀释每股收益	

(三) 2023 年 11 月 30 日固定资产清单

公司 2023 年 11 月 30 日的固定资产清单，如表 3-7 所示。

表3-7　杭州梦舒纺织有限责任公司固定资产清单

固定资产清单 2023-11-30　　　　　　　　　　　　　　　　　　　　　　　　　单位：元

固定资产编号	使用分类	名称	单位	数量	使用部门	可使用年限	已使用月份	原值	已计提折旧	每月计提折旧	对应折旧科目
		生产用固定资产						14 410 000.00	6 454 916.67	111 291.67	
1	生产用固定资产	厂房	平方米	400	纺纱车间	20	59	800 000.00	193 333.33	3 333.33	制造费用
2	生产用固定资产	厂房	平方米	400	织布车间	20	59	800 000.00	193 333.33	3 333.33	制造费用
3	生产用固定资产	厂房	平方米	100	机修车间	20	59	100 000.00	24 166.67	416.67	辅助生产成本
4	生产用固定资产	厂房	平方米	200	闲置	20	59	200 000.00	48 333.33	833.33	管理费用
5	生产用固定资产	成品库	平方米	300	仓储部	20	59	210 000.00	50 750.00	875.00	管理费用
6	生产用固定资产	纺纱生产线及附属设备			纺纱车间	10	59	6 500 000.00	3 141 666.67	54 166.67	制造费用
7	生产用固定资产	织布生产线及附属设备			织布车间	10	59	5 500 000.00	2 658 333.33	45 833.33	制造费用
8	生产用固定资产	机修设备	组		机修车间	10	59	300 000.00	145 000.00	2 500.00	辅助生产成本
		非生产用固定资产						2 406 000.00	614 200.00	16 800.00	
9	非生产用固定资产	办公楼	平方米	600	管理部门	20	59	2 000 000.00	483 333.33	8 333.33	管理费用
10	非生产用固定资产	轿车	辆	2	管理部门	4	18	200 000.00	70 833.33	4 166.67	管理费用
11	非生产用固定资产	货车（5吨）	辆	1	仓储部	4	12	120 000.00	27 500.00	2 500.00	管理费用
12	非生产用固定资产	办公设备1	套	1	行政部	5	22	20 000.00	7 000.00	333.33	管理费用
13	非生产用固定资产	办公设备2	套	5	行政部	5	18	15 000.00	4 250.00	250.00	管理费用
14	非生产用固定资产	办公设备2	套	1	人力资源部	5	18	3 000.00	850.00	50.00	管理费用
15	非生产用固定资产	办公设备2	套	3	财务部	5	22	9 000.00	3 150.00	150.00	管理费用
16	非生产用固定资产	办公设备3	套	2	销售部	5	18	4 000.00	1 133.33	66.67	销售费用
17	非生产用固定资产	办公设备3	套	1	质检部	5	18	2 000.00	566.67	33.33	管理费用
18	非生产用固定资产	计算机	台	2	行政部	3	18	10 000.00	4 722.22	277.78	管理费用
19	非生产用固定资产	计算机	台	1	人力资源部	3	18	5 000.00	2 361.11	138.89	管理费用
20	非生产用固定资产	计算机	台	2	财务部	3	18	10 000.00	4 722.22	277.78	管理费用
21	非生产用固定资产	喷墨打印机	台	1	行政部	3	18	5 000.00	2 361.11	138.89	管理费用
22	非生产用固定资产	针式打印机	台	1	财务部	3	18	3 000.00	1 416.67	83.33	管理费用
		合计金额						16 816 000.00	7 069 116.67	128 091.67	

(四) 2023 年账户 1—11 月累计发生额及 11 月末余额表

公司 2023 年 1—11 月账户累计发生额及 11 月末余额表，如表 3-8 所示。

表3-8　2023年账户1—11月累计发生额及11月末余额表　　　　　　　　　　　单位：元

| 科目编号 | 账户名称 | 年初余额 | 1—11月累计发生额 | | 11月末余额 | | 计量单位 | 数量 | 单价 | 核算辅助 |
			借方	贷方	借方	贷方				
1001	库存现金	5 400.00	250 186.00	251 725.00	3 861.00					现金日记账
1002	银行存款	2 432 572.00	39 545 241.00	39 037 747.70	2 940 065.30					银行存款日记账
	——工行	2 136 788.00	31 657 899.00	31 233 077.81	2 561 609.19					
	——中行(美元户)	295 784.00	7 887 342.00	7 804 669.89	378 456.11					
1012	其他货币资金	156 000.00	300 000.00	379 600.00	76 400.00					
101201	存出投资款	46 000.00	50 000.00	29 600.00	66 400.00					
101202	银行汇票	110 000.00	250 000.00	350 000.00	10 000.00					
1101	交易性金融资产	200 000.00	512 000.00	562 000.00	150 000.00					
110101	成本	200 000.00	450 000.00	500 000.00	150 000.00					
	绿城集团	200 000.00	450 000.00	500 000.00	150 000.00					备注：15 000 股

(续表)

科目编码	账户名称	年初余额	1—11月累计发生额 借方	1—11月累计发生额 贷方	11月末余额 借方	11月末余额 贷方	计量单位	数量	单价	核算辅助
110102	公允价值变动									
	绿城集团									
1121	应收票据	2 563 920.00	4 232 000.00	4 235 920.00	2 560 000.00					
112101	杭州富姬贸易公司	1 043 920.00	1 234 000.00	1 043 920.00	1 234 000.00					
112102	温州顺达贸易公司	1 520 000.00	2 998 000.00	3 192 000.00	1 326 000.00					
1122	应收账款	1 234 871.00	24 644 690.92	19 505 398.15	6 374 163.77					
112201	杭州格瑞布艺公司	543 000.00	6 987 213.00	6 123 309.00	1 406 904.00					
112202	上海巴萨布鞋厂	352 001.00	7 432 521.00	7 419 822.00	364 700.00					
112203	温州拓迪印染公司	339 870.00	5 964 103.00	5 962 267.15	341 705.85					
112204	河南菲特布艺坊		4 260 853.92		4 260 853.92					
1123	预付账款		1 446 343.19	1 436 343.19	10 000.00					
112301	杭州市供水公司		201 713.36	201 713.36						
112302	杭州市电力公司		384 629.83	384 629.83						
112303	江苏金俐纺织公司		860 000.00	850 000.00	10 000.00					
1131	应收股利	10 000.00		10 000.00						
1221	其他应收款		10 000.00	2 000.00	8 000.00					
122101	刘翰		2 000.00	2 000.00						
122102	存储保证金		8 000.00		8 000.00					
1231	坏账准备	102 356.00	85 102.29	301 454.48		318 708.19				
1402	在途物资		12 124 520.00	11 874 520.00	250 000.00					
140201	棉花		12 124 520.00	11 874 520.00	250 000.00		kg	10 000	25.00	数量核算
1403	原材料	1 210 260.00	17 473 920.00	17 178 980.00	1 505 200.00					
140301	原料	967 010.00	14 374 520.00	14 157 530.00	1 184 000.00					
	棉花	956 000.00	11 874 520.00	11 655 520.00	1 175 000.00		kg	47 000	25.00	数量核算
	其他棉纱	11 010.00	2 500 000.00	2 502 010.00	9 000.00		kg	450	20.00	数量核算
140302	辅助材料	144 250.00	2 970 400.00	2 899 650.00	215 000.00					
	浆料	92 100.00	1 792 320.00	1 779 420.00	105 000.00		kg	5 000	21.00	数量核算
	纸管	19 540.00	581 200.00	590 740.00	10 000.00		个	20 000	0.50	数量核算
	包套	32 610.00	596 880.00	529 490.00	100 000.00		个	20 000	5.00	数量核算
140303	外购配件	99 000.00	129 000.00	121 800.00	106 200.00					
	轴承	50 000.00	60 000.00	55 000.00	55 000.00		套	110	500.00	数量核算
	钢扣	48 000.00	56 000.00	54 000.00	50 000.00		套	25	2 000.00	数量核算
	胶圈	1 000.00	13 000.00	12 800.00	1 200.00		个	600	2.00	数量核算
1405	库存商品	2 537 210.00	34 215 740.00	33 432 950.00	3 320 000.00					数量核算
140501	中平布(市布)	787 060.00	10 356 890.00	10 423 950.00	720 000.00		m²	40 000	18.00	数量核算
140502	细布	660 000.00	11 258 850.00	10 818 850.00	1 100 000.00		m²	50 000	22.00	数量核算
140503	自制半成品	1 090 150.00	12 600 000.00	12 190 150.00	1 500 000.00	可以不设置"自制半成品"一级科目，改在"库存商品"下设置明细：自制半成品(中特棉纱)；自制半成品(细特棉纱)				
14050301	中特棉纱	480 000.00	6 000 000.00	5 830 000.00	650 000.00		kg	32 500	20.00	数量核算
14050302	细特棉纱	610 150.00	6 600 000.00	6 360 150.00	850 000.00		kg	34 000	25.00	数量核算

(续表)

科目编码	账户名称	年初余额	1—11月累计发生额		11月末余额		计量单位	数量	单价	核算辅助
			借方	贷方	借方	贷方				
1411	周转材料	15 700.00	447 000.00	373 700.00	89 000.00					
141101	低值易耗品	15 700.00	447 000.00	373 700.00	89 000.00					
14110101	周转箱	1 100.00	70 000.00	16 100.00	55 000.00		个	1 000	55.00	数量核算
14110102	包装箱	11 000.00	333 000.00	314 000.00	30 000.00		个	3 000	10.00	数量核算
14110103	套件工具	3 600.00	44 000.00	43 600.00	4 000.00		件	200	20.00	数量核算
1511	长期股权投资	500 000.00			500 000.00					
151101	高尔顿酒店	500 000.00			500 000.00		(注:持股比例为25%)			
15110101	成本	494000			494000					
15110102	损益调整	6000			6000					
1601	固定资产	16 816 000.00			16 816 000.00					
160101	生产经营用固定资产	14 410 000.00			14 410 000.00					
16010101	房屋及建筑物	2 110 000.00			2 110 000.00					
16010102	设备及工具	12 300 000.00			12 300 000.00					
160102	非生产经营用固定资产	2 406 000.00			2 406 000.00					
16010201	房屋及建筑物	2 000 000.00			2 000 000.00					
16010202	设备及工具	406 000.00			406 000.00					
1602	累计折旧	5 660 108.33		1 409 008.34		7 069 116.67				
1604	在建工程		500 000.00		500 000.00					
	纺纱车间的厂房扩建		500 000.00		500 000.00		(注:该厂房于7月1日开始动工扩建)			
1606	固定资产清理									
1701	无形资产	500 000.00			500 000.00					
170101	专利权	350 000.00			350 000.00		(注:2022年1月1日购买,摊销10年)			
170102	专有技术	150 000.00			150 000.00		(注:2022年11月1日购买,摊销10年)			
1702	累计摊销	102 500.00		45 833.33		8 333.33				
170201	专利权	350 000.00		32 083.33		67 083.33				
170202	专有技术	150 000.00		13 750.00		16 250.00				
1901	待处理财产损溢		12 300.00	12 300.00						
190101	待处理流动资产损溢		12 300.00	12 300.00						
2001	短期借款			500 000.00		500 000.00				
2201	应付票据	1 180 450.00	2 680 000.00	2 519 550.00		1 020 000.00				
2202	应付账款	1 812 120.42	13 798 763.82	15 774 204.70		3 787 561.30				
220201	杭州织茂公司	788 620.42	1 568 428.82	2 185 650.00		1 405 841.60				
220202	上海华纺公司	1 023 500.00	11 335 125.00	11 080 037.00		768 412.00				
220203	温州梦佳棉纺公司		542 010.00	608 517.70		66 507.70				
220204	杭州北方棉花厂		353 200.00	400 000.00		46 800.00				
220205	河北白玉棉花厂			1 500 000.00		1 500 000.00				
2205	预收账款		1 420 000.00	1 420 000.00		0.00				
220501	广州万家公司		1 300 000.00	1 300 000.00						
220502	南京舒贝公司		120 000.00	120 000.00						
2211	应付职工薪酬	152 618.40	6 645 800.40	6 645 800.40		152 618.40				
	短期薪酬(工资)		4 580 400.00	4 580 400.00						

(续表)

科目编码	账户名称	年初余额	1—11月累计发生额		11月末余额		计量单位	数量	单价	核算辅助
			借方	贷方	借方	贷方				
	短期薪酬(福利费)									
	短期薪酬(工伤保险)	2 082.00	22 902.00	22 902.00		2 082.00				
	短期薪酬(医疗保险)	50 384.40	554 588.40	554 558.40		50 384.40				
	离职后福利(养老保险)	58 296.00	641 256.00	641 256.00		58 296.00				
	离职后福利(失业保险)	8 328.00	91 608.00	91 608.00		8 328.00				
	短期薪酬(住房公积金)		549 648.00	549 648.00						
	短期薪酬(工会经费)	8 328.00	91 608.00	91 608.00		8 328.00				
2221	应交税费	1 130 233.41	12 407 638.02	12 386 552.69		1 109 148.08				
222101	未交增值税	331 455.50	1 394 030.71	1 369 823.81		307 248.60				
222102	应交增值税		8 429 905.98	8 429 905.98						
	进项税额		2 845 129.18	2 845 129.18						
	销项税额		4 214 952.99	4 214 952.99						
	转出未交增值税		1 369 823.81	1 369 823.81						
222103	应交所得税	746 520.00	2 246 520.00	2 252 546.41		752 546.41				
222104	应交个人所得税	12 483.24	137 315.64	137 315.64		12 483.24				
222105	应交城市维护建设税	23 201.89	97 582.15	95 887.66		21 507.40				
222106	应交教育费附加	9 943.67	41 820.92	41 094.71		9 217.46				
222107	应交地方教育费附加	6 629.11	27 880.62	27 396.48		6 144.97				
222108	应交房产税		31 647.00	31 647.00						
222109	应交车船税		935.00	935.00						
2232	应付利息		150 000.00	150 000.00						
2241	其他应付款	16 293.00	398 475.00	398 475.00		16 293.00				
	社会保险费	16 293.00	179 223.00	179 223.00		16 293.00				
	住房公积金		219 252.00	219 252.00						
2601	长期借款	10 000 000.00	5 000 000.00			(注：1月1日还款500万元，余款期限2年，年利率9%，按月支付利息，到期一次还清本金，其中50万元支付在建工程款)				
2601	长期借款	10 000 000.00	5 000 000.00			5 000 000.00				
4001	实收资本	8 000 000.00				8 000 000.00				
	威力集团	3 000 000.00				3 000 000.00				
	科达集团	3 000 000.00				3 000 000.00				
	阿里集团	2 000 000.00				2 000 000.00				
4002	资本公积	700 000.00				700 000.00				
	其他资本公积	700 000.00				700 000.00				
4101	盈余公积	620 000.00				620 000.00				
	法定盈余公积	620 000.00				620 000.00				
4103	本年利润		9 619 290.51	9 619 290.51						
4104	利润分配	352 403.45	352 403.45	7 369 744.10		7 369 744.10				
	未分配利润	352 403.45	352 403.45	7 369 744.10		7 369 744.10				
	提取法定盈余公积									

(续表)

科目编码	账户名称	年初余额	1—11月累计发生额		11月末余额		计量单位	数量	单价	核算辅助
			借方	贷方	借方	贷方				
5001	生产成本	1 582 150.00	27 010 572.09	28 386 889.09	205 833.00					
500101	基本生产成本	1 582 150.00	27 010 572.09	28 368 889.09	205 833.00					
50010101	织布车间									
50010101	中平布(市布)	1 484 150.00	6 658 050.00	8 018 472.00	123 728.00		m²	6 850		
	直接材料	1 036 150.00	5 040 000.00	5 986 150.00	90 000.00					
	直接人工	150 000.00	665 000.00	802 400.00	12 600.00					
	制造费用	298 000.00	953 050.00	1 229 922.00	21 128.00					
50010102	细布	98 000.00	5 683 422.09	5 699 317.09	82 105.00		m²	3 750		
	直接材料	74 000.00	4 148 372.09	4 162 372.09	60 000.00					
	直接人工	9 500.00	565 000.00	566 200.00	8 300.00					
	制造费用	14 500.00	970 050.00	970 745.00	13 805.00					
50010103	中特棉纱		7 896 050.00	7 896 050.00						
	直接材料		6 200 000.00	6 200 000.00						
	直接人工		743 000.00	743 000.00						
	制造费用		953 050.00	953 050.00						
50010104	细特棉纱		6 773 050.00	6 773 050.00						
	直接材料		5 300 000.00	5 300 000.00						
	直接人工		543 000.00	543 000.00						
	制造费用		930 050.00	930 050.00						
500102	辅助生产成本		1 279 947.60	1 279 947.60						
	直接材料		680 000.00	680 000.00						
	职工薪酬		349 947.60	349 947.60						
	制造费用		250 000.00	250 000.00						
5101	制造费用		3 947 864.00	3 947 864.00						
	纺纱车间		1 963 864.00	1 963 864.00						
	织布车间		1 984 000.00	1 984 000.00						
6001	主营业务收入		60 558 547.00	60 558 547.00						
	中平布(市布)		23 886 987.00	23 886 987.00						
	细布		21 111 560.00	21 111 560.00						
	中特棉纱		8 000 000.00	8 000 000.00						
	细特棉纱		7 560 000.00	7 560 000.00						
6051	其他业务收入		208 660.00	208 660.00						
	销售材料		208 660.00	208 660.00						
6101	公允价值变动损益									
6111	投资收益		88 000.00	88 000.00						
6301	营业外收入		5 000.00	5 000.00						
6401	主营业务成本		42 996 568.37	42 996 568.37						
	中平布(市布)		16 959 760.77	16 959 760.77						
	细布		14 989 207.60	14 989 207.60						

(续表)

科目编码	账户名称	年初余额	1—11月累计发生额		11月末余额		计量单位	数量	单价	核算辅助
			借方	贷方	借方	贷方				
	中特棉纱		5 680 000.00	5 680 000.00						
	细特棉纱		5 367 600.00	5 367 600.00						
6402	其他业务成本		166 928.00	166 928.00						
	销售材料		166 928.00	166 928.00						
6405	税金及附加		167 283.69	167 283.69						
6601	销售费用		3 455 031.37	3 455 031.37						
	职工薪酬		1 650 000.00	1 650 000.00						
	广告费		1 100 000.00	1 100 000.00						
	包装费		550 000.00	550 000.00						
	折旧		733.37	733.37						
	展销费		69 800.00	69 800.00						
	社会保险		40 898.00	40 898.00						
	其他		43 600.00	43 600.00						
6602	管理费用		4 087 600.06	4 087 600.06						
	职工薪酬		2 244 900.00	2 244 900.00						
	社会保险		270 241.40	270 241.40						
	办公费		152 000.00	152 000.00						
	差旅费		150 000.00	150 000.00						
	业务招待费		300 000.00	300 000.00						
	水电费		200 000.00	200 000.00						
	折旧		202 858.33	202 858.33						
	修理费		150 000.00	150 000.00						
	无形资产摊销		45 833.33	45 833.33						
	盘亏		100 000.00	100 000.00						
	税金		43 207.00	43 207.00						
	劳保		30 000.00	30 000.00						
	其他		198 560.00	198 560.00						
6603	财务费用		224 505.00	224 505.00						
	利息支出		150 000.00	150 000.00						
	现金折扣		50 000.00	50 000.00						
	手续费		24 505.00	24 505.00						
6701	资产减值损失									
6711	营业外支出		143 000.00	143 000.00						
6801	所得税费用		2 249 546.41	2 249 546.41						

四、公司业务资料

杭州梦舒纺织有限责任公司(以下简称公司)2023 年 12 月发生的经济业务如下。

(业务 1)

(1) 12 月 1 日，公司行政部购买办公用品，以现金 288.00 元付讫。

(业务 2)

(2) 12 月 1 日，公司向温州梦佳棉纺公司购买相关辅助棉纱 45 000 千克，对方承担运杂费 3 500.00 元。材料已到达企业，并验收入库。款项未付。

(业务 3)

(3) 12 月 1 日，公司签发现金支票一张，从银行提取现金 20 000.00 元备用。

(业务 4)

(4) 11 月 30 日，公司和江苏金俐纺织有限公司签订购货合同，先预付 10 000.00 元，等货物到达并验收合格后再补付其余款项。12 月 1 日，10 000 千克的棉花运抵本公司，价税合计 272 500.00 元。材料已验收入库，剩余款项已用银行存款转账支付。

(业务 5)

(5) 12 月 1 日，委托申银万国证券股份有限公司杭州营业所购入万达公司发行的股票 10 000 股，准备以交易为目的短期持有。每股买价为 6.50 元，其中包括已经宣告但尚未发放的现金股利每股 0.50 元，另支付交易费用 300.00 元，其中佣金为 227.50 元，印花税为 65.00 元，其他费用为 7.50 元。

(业务 6)

(6) 12 月 2 日，公司购买工商银行现金支票和转账支票各一本，合计 55.00 元，用银行存款支付。

(业务 7)

(7) 12 月 2 日，公司盘点现金，发现现金短款 300.00 元，原因尚未查明。

(业务 8)

(8) 12月3日，公司和速通物流签订出租合同，约定将本公司一闲置厂房出租3年，每年租金为30 000.00元，半年支付一次，当日先预交半年租金，款项已汇入银行账户。根据税法相关规定，租金按12%缴纳房产税，按9%缴纳增值税。

(业务 9)

(9) 12月3日，销售副总经理张建峰准备去成都考察市场，向财务部预借差旅费4 000.00元，经总经理夏宇飞批准，支付现金1 000.00元，余款签发现金支票。

(业务 10)

(10) 12月3日，公司开出转账支票，从本市劳保用品公司购入劳保服装50套，收到增值税专用发票及仓库验收单。

(业务 11)

(11) 12月4日，公司向上海巴萨布鞋厂催收账款，当即收到工行电汇通知单一张，金额为364 700.00元。

(业务 12)

(12) 12月4日，公司向温州梦佳棉纺公司开出3个月的无息商业承兑汇票一张，以支付12月1日的相关辅助棉纱采购费。

(业务 13)

(13) 12月4日，公司购入一辆小轿车，价款226 000.00元，车辆保险费为6 000.00元，并缴纳了车辆购置税，车辆购置税税率为10%。款项已付。

(业务 14)

(14) 12月4日，公司出售给上海颜科印染公司中特棉纱10 000千克，细特棉纱10 000千克。公司根据发货单开出增值税发票一张，同时垫付运费3 500.00元，开出转账支票一张。款项未收。

(业务 15)

(15) 12月4日，产成品入库，其中中平布为8 000平方米，细布为4 200平方米。

(业务 16)

(16) 12月4日,纺纱车间生产中特棉纱领用原材料棉花 20 000 千克,生产细特棉纱领用原材料棉花 20 000 千克,织布车间生产中平布领用辅助棉纱 5 000 千克,领用自制半成品中特棉纱 11 000 千克,生产细布领用辅助棉纱 3 500 千克,自制半成品细特棉纱 14 000 千克。

(业务 17)

(17) 12月5日,公司赞助街道绿化,开出转账支票 5 000.00 元。

(业务 18)

(18) 12月5日,公司以现金支付销售部门职工家属丧葬补助费 3 200.00 元。

(业务 19)

(19) 12月5日,公司向税务局申请缴纳车船税 60.00 元。

(业务 20)

(20) 12月5日,公司支付纺纱设备维修费 1 130.00 元。

(业务 21)

(21) 12月5日,公司聘请外部培训师给公司内部管理层培训,支付培训费 13 000.00 元。

(业务 22)

(22) 12月5日,公司收到行政部主任冯绍交来的办公耗材发票 800.00 元、餐饮服务发票 1 450.00 元,经总经理批准,用现金交冯绍补足备用金定额。

(业务 23)

(23) 12月6日,公司从浙江飞速科技开发有限公司购入专利一项,该专利权价值 30 万元,根据合同规定,首期支付 15 万元,余款将于 2024 年 6 月 30 日结清。

(业务 24)

(24) 12 月 6 日，公司报销产品展销费用 10 000.00 元，以转账支票支付。

(业务 25)

(25) 12 月 7 日，公司用银行存款支付上海华纺有限公司 11 月 29 日采购费 768 412.00 元货款。合同规定付款条件为 2/10，1/20，n/30。

(业务 26)

(26) 12 月 7 日，公司纺纱车间和织布车间各领用劳保服装 5 套。

(业务 27)

(27) 12 月 8 日，公司和杭州格艺布厂签订一份售货合同，合同约定杭州格艺布厂订购细布 18 000 平方米，中平布 20 000 平方米，付款方式为银行汇票。当即杭州格艺布厂交来一张收款人为杭州梦舒纺织有限责任公司，金额为 1 349 220.00 元的银行汇票。财务部验票后开出增值税专用发票，并通知仓库发货。

(业务 28)

(28) 12 月 8 日，采购员胡晓从宁波采购棉花返回，交来宁波白云棉花厂开具的增值税发票，内列棉花 50 000 千克，对方垫付运费，收到公路运输发票一张，共计 7 500.00 元。上述材料未到，约定货到付款。

(业务 29)

(29) 12 月 8 日，公司用现金直接购买印花税票以备自行贴花，款项 480.00 元。

(业务 30)

(30) 12 月 9 日，财务部人员带着银行汇票去银行，将钱全部转到工行账户上。

(业务 31)

(31) 12 月 9 日，公司销售给本市科贝纺织公司细特棉纱 4 000 千克，销售中平布 14 500 平方米，开出增值税发票。款项尚未收到，给予对方(2/10，1/20，n/30)的现金折扣条件。

(业务32)

(32) 12月9日，公司收到市环保局的环境污染费罚款通知单，罚款金额20 000.00元，用银行存款支付。

(业务33)

(33) 12月9日，公司从宁波采购的材料到达，验收入库。财务部根据增值税发票、公路运输发票及仓库收料单，填制银行电汇结算凭证汇出价税款。

(业务34)

(34) 12月10日，公司缴纳上月的未交增值税307 248.60元。

(业务35)

(35) 12月10日，公司缴纳11月城市维护建设税21 507.40元，教育费附加9 217.46元，地方教育费附加6 144.97元及代扣代缴的个人所得税12 483.24元。

(业务36)

(36) 12月10日，公司以工行存款划付上月计提的社会保险费。

(业务37)

(37) 12月10日，公司计提本月应付职工工资。

(业务38)

(38) 12月10日，销售副总经理张建峰从成都考察市场返回，报销往返机票1 630.00元，住宿费900.00元，出租车费267.00元，出差补助费300.00元，餐饮费480.00元，剩余现金423.00元交回财务部。

(业务39)

(39) 12月11日，织布车间领用低值易耗品套件工具10件，领用周转箱50个，包装箱500个。纺纱车间领用周转箱70个，包装箱200个(领用低值易耗品)。

(业务 40)

(40) 12 月 11 日,公司收到织布车间赵凌违规操作罚款 200.00 元。

(业务 41)

(41) 12 月 11 日,公司以现金支票支付扩建厂房工人工资 12 000.00 元。

(业务 42)

(42) 12 月 11 日,自制半成品入库,其中中特棉纱 18 000 千克,细特棉纱 28 000 千克。

(业务 43)

(43) 12 月 12 日,公司持本年 10 月 12 日由中国农业银行杭州萧山支行签字承兑的,富姬贸易公司签发的 3 个月不带息无追索权的商业汇票到本市农业银行营业部申请贴现,银行同意,办妥贴现手续,贴现率月息为 5‰。

(业务 44)

(44) 12 月 12 日,产成品入库,其中中平布 28 000 平方米,细布 19 600 平方米。

(业务 45)

(45) 12 月 13 日,公司用工行存款支付广告费 20 000.00 元。

(业务 46)

(46) 12 月 13 日,公司销售给河北淑贝纺织公司一批产品,包括中平布 10 000 平方米,细布 15 000 平方米,业务部门开出增值税发票及发货单并支付销售运费 3 000.00 元,款项约定托收承付;另支付银行手续费 50.00 元。

(业务 47)

(47) 12 月 13 日,公司购买机修工具,包括工具箱和卡尺,各 5 个。财务部根据收到的增值税发票开出转账支票一张。另外,公司还购买一个批次的尼龙绳 23 元,用现金支付。由于所购工具直接交给机修车间使用,财务部门决定一次性计入机修成本。

(业务 48)

(48) 12月13日,开出转账支票一张,通过公益性社会团体壹基金向四川希望小学捐款50 000.00元。

(业务 49)

(49) 12月13日,纺纱车间生产中特棉纱领用棉花25 000千克,浆料400千克,纸管5 000个,包套3 000个;生产细特棉纱领用棉花23 000千克,浆料500千克,纸管6 000个,包套3 000个。

(业务 50)

(50) 12月14日,织布车间生产中平布领用中特棉纱20 000千克,其他相关辅助棉纱5 000千克,浆料1 000千克,纸管4 000个,包套2 000个;生产细布领用细特棉纱28 000千克,其他相关辅助棉纱5 600千克,浆料1 000千克,纸管4 000个,包套2 000个。

(业务 51)

(51) 12月15日,公司准备还款时,发现杭州北方棉花厂已倒闭,对方账户已注销,无法支付款项46 800.00元,经批准转销该笔账款。

(业务 52)

(52) 12月16日,公司从杭州白雪棉花厂购入20 000千克棉花,价税合计523 200.00元。材料已经验收入库,款项尚未支付。

(业务 53)

(53) 12月16日,公司出售行政部门一台报废计算机,单价原值5 000.00元(不含税),已计提折旧2 500.00元,取得现金收入500.00元。

(业务 54)

(54) 12月13日,公司销售给河北淑贝纺织有限公司的一批产品,12月16日,托收承付期限已满,对方已承付。

(业务 55)

(55) 12月18日,公司司机来报销汽油费,3张增值税普通发票合计金额为1 300.00元,现金付讫。

(业务 56)

(56) 12 月 18 日,公司归还已到期的短期借款 500 000.00 元,同时支付到期利息 3 250.00 元。

(业务 57)

(57) 12 月 19 日,仓库意外起火,因救火及时,损失不大,但仍损失了一批价值 6 000.00 元的包装箱(不含税),管理层暂未决定如何处置这批损失。

(业务 58)

(58) 12 月 20 日,公司销售给宁波纯菲印染公司一批产成品,包括中平布 18 850 平方米,细布 30 000 平方米,业务部门开出增值税发票及发货单,并用现金代付运费 9 000.00 元,款项已收。

(业务 59)

(59) 12 月 21 日,公司发现从杭州白雪棉花厂购入的棉花有 2 000 千克有质量问题,跟白雪棉花厂沟通后将这部分退回。当天,财务人员付清所有账款,并带回一张杭州白雪棉花厂开出的红字增值税专用发票。

(业务 60)

(60) 12 月 23 日,公司通过中国工商银行发放当月工资。

(业务 61)

(61) 12 月 24 日,按当月应付工资总额计提本月单位应为职工缴纳的职工养老保险、职工工伤保险、职工失业保险、职工医疗保险及职工住房公积金。

(业务 62)

(62) 12 月 24 日,公司计提本月职工工会经费和职工教育经费。

(业务 63)

(63) 12 月 24 日,自制半成品入库,其中中特棉纱 23 000 千克,细特棉纱 21 000 千克。

(业务64)

(64) 12月24日,产成品入库,其中中平布28 000平方米,细布38 000平方米。

(业务65)

(65) 12月25日,公司缴纳当月住房公积金。

(业务66)

(66) 12月25日,公司查明12月19日仓库起火为意外起火,经管理层决定,由刘翰赔偿3 000.00元,其他由公司承担。另外,12月2日现金盘亏300元系出纳员失误造成,经管理层决定,由出纳员赔偿。

(业务67)

(67) 12月25日,公司购入纸管20 000个,浆料1 000千克,款项已支付。

(业务68)

(68) 12月25日,纺纱车间生产中特棉纱领用棉花10 000千克,浆料400千克,纸管5 000个,包套3 000个;生产细特棉纱领用棉花10 000千克,浆料500千克,纸管6 000个,包套3 000个。

(业务69)

(69) 12月25日,织布车间生产中平布领用中特棉纱15 000千克,其他相关辅助棉纱3 750千克,浆料1 000千克,纸管4 000个,包套2 000个;生产细布领用细特棉纱20 000千克,其他相关辅助棉纱5 000千克,浆料1 000千克,纸管4 000个,包套2 000个。

(业务70)

(70) 12月26日,公司开出一张转账支票,购买了21 160.00元的产品作为职工元旦福利发放,其中购买食用油100桶,购买大米5 645.45千克,并取得增值税普通发票。该批食用油和大米将作为职工元旦福利发放。

(业务71)

(71) 12月26日,公司用现金预付《杭州日报》2023年的报刊费700.00元。

(业务 72)

(72) 12 月 26 日,公司将购买的福利产品发放。

(业务 73)

(73) 12 月 27 日,公司收到人力资源部交来的 200.00 元现金,是职工违章违纪罚款,开具收款收据交人力资源部。

(业务 74)

(74) 12 月 28 日,经总经理批准,公司转让一批陈旧棉花给杭州艺达纺织公司,数量为 2 000 千克。货物由杭州艺达纺织公司当场运走,款项约定下月月初支付。

(业务 75)

(75) 12 月 28 日,公司接到委托收款付款通知,支付电费 37 800.00 元,增值税税额为 4 914.00 元。

(业务 76)

(76) 12 月 28 日,公司接到委托收款付款通知,支付水费 20 800.00 元,增值税税额为 1 872.00 元。

(业务 77)

(77) 12 月 28 日,公司收到一张电话费扣款通知和一张电信公司的话费发票,金额为 1 678.00 元,按电信基础服务 9% 考虑增值税。

(业务 78)

(78) 12 月 29 日,机修车间领用轴承 100 个,钢扣 14 个,胶圈 600 个。

(业务 79)

(79) 12 月 29 日,公司销售给宁波纯菲印染公司一批产品,其中中平布 26 000 平方米;细布 38 000 平方米。款项已收。

(业务 80)

(80) 12月31日,公司购买的绿城集团股票公允价值为 180 000.00 元,万达公司股票的公允价值为 80 000.00 元。

(业务 81)

(81) 12 月 31 日,公司对无形资产专利权和专有技术进行摊销,摊销期 10 年。

(业务 82)

(82) 12月31日,公司计提固定资产折旧。

(业务 83)

(83) 12月31日,公司结转发出材料及周转材料成本。

(业务 84)

(84) 12月31日,公司分配水费和电费。

(业务 85)

(85) 12月31日,公司分配辅助生产成本。

(业务 86)

(86) 12月31日,公司按照产品实际耗用的人工小时分配制造费用。

(业务 87)

(87) 12月31日,公司根据纺纱车间产品成本计算表,结转纺纱车间产品成本(假设纺纱车间无月末在产品)。编制纺纱车间领用中特棉纱、细特棉纱的相关分录。

(业务 88)

(88) 12 月 31 日,公司根据织布车间产品成本计算表,结转织布车间产品成本。

(业务 89)

(89) 12 月 31 日,公司计算长期借款利息并支付。

(业务 90)

(90) 12 月 31 日,公司计提坏账准备。

(业务 91)

(91) 12 月 31 日,公司计算应交增值税,并结转未交增值税。

(业务 92)

(92) 12 月 31 日,公司计算和结转应交城市维护建设税及教育费附加、地方教育费附加、房产税、车船税、土地使用税、印花税(印花税直接以银行存款缴纳)。

(业务 93)

(93) 12 月 31 日,公司结转销售自制半成品和产成品成本。

(业务 94)

(94) 12 月 31 日,高尔顿酒店宣告分配年度现金股利 24 000.00 元(公司持股 25%)。

(业务 95)

(95) 12 月 31 日,公司计算银行存款(美元户)的汇兑损益。

(业务 96)

(96) 12 月 31 日,公司计算并结转本月企业应纳所得税。

(业务 97)

(97) 12 月 31 日,公司结转损益类账户。

(业务 98)

(98) 12 月 31 日,公司结转本年利润。

(业务 99)

(99) 12 月 31 日,公司提取本年度的法定盈余公积。

(业务 100)

(100) 12 月 31 日,公司做利润分配账户的内部结转。

凭证1-1

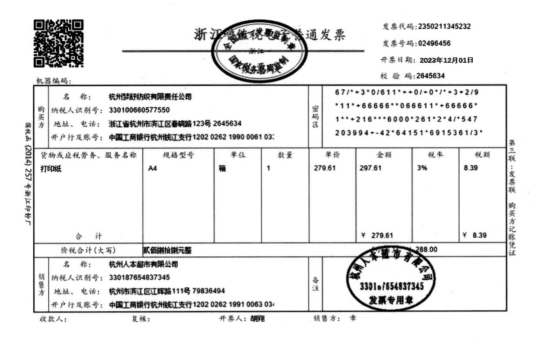

凭证1-2

报 销 单

填报日期：2023 年 12 月 1 日　　　　单据及附件共 1 张

姓名	李芳	所属部门	行政部	报销形式	现金		
				支票号码			
报销项目		摘要		金额		备注：	
办公用品		购买打印纸		288.00			
						现金付讫	
合计				￥288.00			
金额大写：零 拾 零 万 零 仟 贰 佰 捌 拾 捌 元 零 角 零 分				原借款：￥0.00 元		应退款： 元	
						应补款：￥288.00 元	

总经理：夏宇飞　　财务经理：倪可　　部门经理：冯绍　　会计：陈杰　　出纳：纪楠也　　领款人：李芳

凭证 2-1

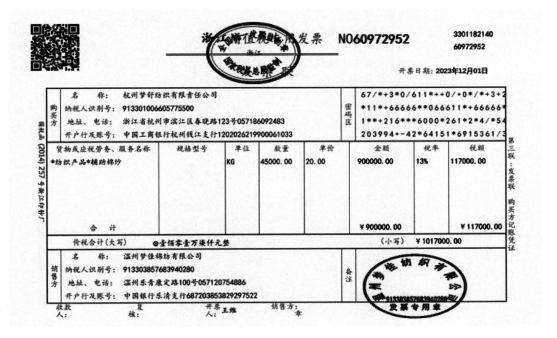

凭证 2-2

入 库 单

2023 年 12 月 1 日

单号：001

交来单位及部门	温州梦佳棉纺公司		发票号码或生产单号码	60972952	验收仓库	材料库	入库日期	2023 年 12 月 1 日	
编号	名称及规格	单位	数量		单价	金额		备注	会计联
			交库	实收					
1	辅助棉纱	KG	45 000	45 000	20.00	900 000.00			

部门经理：潘虹　　　　会计：陈杰　　　　仓库：刘翰　　　　经办人：胡晓

凭证 3-1

中国工商银行
现金支票存根
10203310
10613654

附加信息 _____

出票日期 2023 年 12 月 1 日

收款人　杭州梦舒纺织有限责任公司

金　额　￥20 000.00

用　途　提现备用

单位主管　　　　会计

凭证 4-1

江苏增值税专用发票　NO60972567　　3202182140
　　　　　　　　　　　　　　　　　　　60972567

开票日期：2023年12月01日

购买方	名　称：	杭州梦舒纺织有限责任公司			密码区	67/*+3*0/611+++0/+0*/*+3+2 *11+*66666**066611+*66666* 1**+216***6000*261*2*4/*54 203994+-42*64151*6915361/3
	纳税人识别号：	913301006605775500				
	地址、电话：	浙江省杭州市滨江区春晓路123号057186092483				
	开户行及账号：	中国工商银行杭州钱江支行1202026219900061033				

货物或应税劳务、服务名称	规格型号	单位	数量	单价	金额	税率	税额
*棉花*棉花		KG	10000.00	25.00	250000.00	9%	22500
合　计					￥250000.00		￥22500.00

价税合计（大写）　㊣贰拾柒万贰仟伍佰元整　　　　　（小写）￥272500.00

销售方	名　称：	江苏金俐纺织有限公司	备注	
	纳税人识别号：	913202847698339680		
	地址、电话：	江苏省惠山区中山路29号051039484938		
	开户行及账号：	中国农业银行江苏惠山支行602984043038494		

收款人：　　　复核：　　　开票人：王微　　　销售方：

凭证 4-2

入 库 单

2023 年 12 月 1 日　　　　　　　　　　　　　　　　单号：002

交来单位及部门	江苏金俐纺织有限公司	发票号码或生产单号码		60972567		验收仓库	材料库	入库日期	2023 年 12 月 1 日	
编号	名称及规格	单位	数量		单价		金额	备注		会
			交库	实收						计
1	棉花	KG	10 000	10 000	25.00		250 000.00			联

部门经理：潘虹　　　　会计：陈杰　　　　仓库：刘翰　　　　经办人：胡晓

凭证 4-3

中国工商银行
转账支票存根

10203320
10215240

附加信息 _____

_____

出票日期 2023 年 12 月 1 日

收款人　江苏金俐纺织有限公司

金　额　￥262 500.00

用　途　购货款

单位主管　倪可　　会计　陈杰

凭证 5-1

证券交易对账单

客户编号：220013727　　　姓名：杭州梦舒纺织有限责任公司　　　对账日期：2023.12.1　　　打印柜员：3424

资金信息：

币种	资金余额	可用金额	可取现金	资产总值
人民币	1 100.00	1 100.00	1 100.00	216 100.00

流水明细：

日期	币种	业务标志	证券名称	证券代码	发生数量	成交均价	佣金	印花税	其他费用	收付金额	资金余额	备注
12.1	人民币	购入股票	万达股份	300168	10 000	6.50	227.50	65.00	7.50	-65 300.00	1 100.00	
合计：											1 100.00	

汇总股票资料

证券名称	证券代码	当前数	可用数	最新价	市值	币种
绿城中国	00319	15 000	15 000	10.00	150 000.00	人民币
万达股份	300168	10 000	0	6.50	65 000.00	人民币

凭证 5-2

中国工商银行
转账支票存根
10203310
10613654

附加信息

出票日期 2023 年 12 月 1 日

收款人　申银万国证券股份有限公司
金　额　¥65 300.00
用　途　购买股票
单位主管　　　会计

凭证 6-1

中国工商银行结算收费单

总字第 0121 号
字第 011 号

单位名称：杭州梦舒纺织有限责任公司　　账号：1202026219900061033　　2023 年 12 月 2 日

结算种类	邮电费		金额（千百十元角分）	手续费	金额（千百十元角分）
汇票（兑）	信（电）	笔			笔
委托收款	信（电）	笔			笔
转账支票	1	笔	3 0 0 0		笔
现金支票	1	笔	2 5 0 0		笔
小　　计			¥ 5 5 0 0		
合计金额	大写：伍拾伍元整				

上列款项，请从我单位账上支付

（盖章：杭州梦舒纺织有限责任公司 财务专用章）

中国工商银行 杭州钱江支行 2023.12.02 收讫

会计分类　借：　贷：邮电费收入户　贷：手续费收入户
复核　　记账

付款单位　（经手人）签章

凭证 7-1

现金盘点报告表

2023 年 12 月 2 日

单位名称：杭州梦舒纺织有限责任公司

实存金额	账存金额	盈亏情况		备注
		盘盈数	盘亏数	
23 218.00	23 518.00		300.00	
				原因未查明

处理意见：

主管：孙立　　　会计：赵莉　　　核点：张丽

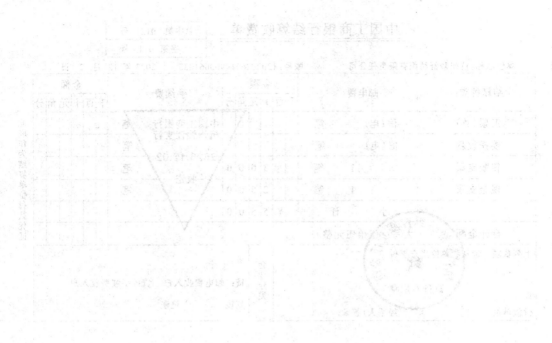

凭证 8-1

董事会决议

董事会于 2023 年 12 月 3 日召开董事会并决议，将公司的一闲置厂房转为投资性房地产。该厂房原值为￥200 000.00 元，截至目前已计提折旧￥48 333.33 元。

杭州梦舒纺织有限责任公司
2023 年 12 月 3 日

凭证 8-2

房屋租赁合同

出租方(甲方)：杭州梦舒纺织有限责任公司

承租方(乙方)：速通物流

依据《中华人民共和国民法典》及有关法律、法规的规定，甲乙双方在平等、自愿的基础上，就房屋租赁的有关事宜，订立本合同。

一、房屋基本情况

该房屋坐落于本市滨江区春晓路 123 号。该房屋为厂房，建筑面积 200 平方米，该房屋未设定抵押。

二、租赁期限

(一) 租赁期自 2023 年 12 月 3 日至 2026 年 12 月 3 日共计 3 年。

(二) 租赁期满，甲方有权收回该房屋。乙方有意继续承租的，应提前 30 日向甲方提出书面续租要求，征得同意后甲乙双方重新签订房屋租赁合同。

三、租金

(一) 租金标准：30 000.00 元/年(大写：叁万元整)。

(二) 租金支付时间及方式：半年支付一次，签约当日先预交半年租金。

(三) 租金支付方式：转账。

出租方(盖章)
法定代表人：李飞
2023 年 12 月 3 日

承租方(盖章)
法定代表人：王福
2023 年 12 月 3 日

凭证8-3

浙江增值税普通发票 N063456354

330121834523
63456354

机器编码：66520 23650 02365 02364

开票日期：2023年12月03日

购买方	名称：杭州速通物流有限公司 纳税人识别号：913301934565895040 地址、电话：浙江省杭州市下城区环城北路8号057186092315 开户行及账号：中国工商银行钱江支行3456543096589880000	密码区	67/*+3*0/611*++0/+0*/+3+2/9 *11*+66666**066611*+66666* 1**+216***6000*261*2*4/*547 203994+-42*64151*6915361/3*

货物或应税劳务、服务名称	规格型号	单位	数量	单价	金额	税率	税额
*租赁服务*厂房租金					15000.00	9%	1350
合 计					¥15000.00		¥1350.00

价税合计(大写) ⊗壹万陆仟叁佰伍拾元整 （小写）¥16350.00

| 销售方 | 名称：杭州梦舒纺织有限责任公司
纳税人识别号：913301006605775500
地址、电话：浙江省杭州市滨江区春晓路123号057186092483
开户行及账号：中国工商银行杭州钱江支行1202026219900061033 | 备注 | |

收款人：　　复核：　　开票人：季佳敏　　销售方：章

凭证8-4

中国工商银行进账单（收账通知）

2023 年 12 月 3 日

出票人	全称	杭州速通物流有限公司	收款人	全称	杭州梦舒纺织有限责任公司	此联是收款人开户银行交给收款人的收款通知
	账号	3456543096589880000		账号	1202026219900061033	
	开户银行	中国工商银行钱江支行		开户银行	中国工商银行钱江支行	

金额	人民币(大写)	壹万陆仟叁佰伍拾元整	千百十万千百十元角分 ¥1 6 3 5 0 0 0

| 票据种类 | | 票据张数 | |
| 票据号码 | | | |

复核：　　记账：　　收款人开户行银行盖章

中国工商银行 2023.12.3 转讫

凭证 9-1

借 款 单

2023 年 12 月 3 日　　　　　　　　　　　　　　　　第 01 号

借款部门	销售部	姓名	张建峰	事由	去成都考察市场
借款金额(大写)	万 肆 仟 零 佰 零 拾 零 元 零 角 零 分			￥	4 000.00
部门负责人签署		借款人签章	张建峰	注意事项	一、凡借用公款必须使用本单 二、出差返回后三天内结算
单位领导批示	6 同意 夏宇飞	财务经理审核意见	同意，其中 1 000.00 元用现金支付，剩余 3 000.00 用现金支票支付。 倪可		

凭证 9-2

中国工商银行
现金支票存根
10203310
10613654

附加信息

出票日期 2023 年 12 月 3 日

收款人　张建峰

金　额　￥3 000.00

用　途　差旅费

单位主管　　　会计

凭证 10-1

中国工商银行
转账支票存根
10203320
10215242

附加信息

出票日期 2023 年 12 月 3 日

收款人　杭州市劳保用品有限公司

金　额　￥5 650.00

用　途　购买劳保服装

单位主管　倪可　会计　陈杰

凭证 10-2

浙江增值税普通发票 NO60972343   3301182140
60972343

开票日期：2023年12月03日

购买方	名　称：	杭州梦舒纺织有限责任公司	密码区	67/*+3*0/611***0/+0/*+3+2 *11++66666**066611+*66666* 1**+216***6000*261*2*4/*54 203994+-42*64151*6915361/3
	纳税人识别号：	913301006605775500		
	地址、电话：	浙江省杭州市滨江区春晓路123号057186092483		
	开户行及账号：	中国工商银行杭州钱江支行1202026219900061033		

货物或应税劳务、服务名称	规格型号	单位	数量	单价	金额	税率	税额
*服装*劳保服装		套	50.00	100.00	5000.00	13%	650
合　　计					￥5000.00		￥650.00
价税合计（大写）	⊗伍仟陆佰伍拾元整				（小写）￥5650.00		

销售方	名　称：	杭州市劳保用品有限公司	备注	
	纳税人识别号：	913301938493830440		
	地址、电话：	杭州市中山北路101号057194849393		
	开户行及账号：	中国农业银行杭州下城支行602984048373933		

收款人：　　复核：　　开票人：王武　　销售方：

凭证 10-3

入 库 单

2023 年 12 月 3 日　　　　　　　　　　　　　单号：003

交来单位及部门	杭州劳保用品有限公司	发票号码或生产单号码	60972343	验收仓库	材料库	入库日期	2023年12月3日
编号	名称及规格	单位	数量		单价	金额	备注
			交库	实收			
1	劳保服装	套	50	50	100.00	5 000.00	

部门经理：潘虹　　会计：陈杰　　仓库：刘翰　　经办人：张小帅

凭证 11-1

中国工商银行进账单（收账通知）

2023 年 12 月 4 日

出票人	全称	上海巴萨布鞋厂	收款人	全称	杭州梦舒纺织有限责任公司
	账号	2325232154325434236		账号	1202026219900061033
	开户银行	中国工商银行上海浦东支行		开户银行	中国工商银行杭州钱江支行
金额	人民币（大写）	叁拾陆万肆仟柒佰元整			¥ 364700.00
票据种类		转账支票	票据张数		1
票据号码		018			

中国工商银行 杭州钱江支行 2023.12.04 转讫(01)

此联是收款人开户银行交给收款人的收款通知

复核：　　　　记账：　　　　收款人开户行银行盖章

凭证 12-1

商业承兑汇票

出票日期（大写）　贰零贰叁 年 壹拾贰 月 零肆 日

付款人	全称	杭州梦舒纺织有限责任公司	申请人	全称	温州梦佳棉纺有限公司
	账号	1202026219900061033		账号	687203853829297522
	开户银行	中国工商银行杭州钱江支行		开户银行	中国银行乐清支行
出票金额	人民币（大写）	壹佰零壹万柒仟元整			¥ 1017000.00
汇款到期日（大写）		贰零贰肆年零叁月零肆日			
交易合同号码			付款人开户行	行号	3100
				地址	浙江省杭州市滨江区春晓路122号

本汇票请你行承兑，到期无条件付款。　　本汇票请予以承兑，于到期日付款。

夏宇飞印　　　　　夏宇飞印

财务专用章　　　　财务专用章　　出票人签章

承兑日期 2023 年 12 月 4 日

此联收款人开户行随托收凭证寄付款行作借方凭证附件

凭证 13-1

浙江增值税专用发票 NO60972936

开票日期：2023年12月04日

购买方	名称：杭州梦舒纺织有限责任公司 纳税人识别号：913301006605775500 地址、电话：浙江省杭州市滨江区春晓路123号 057186092483 开户行及账号：中国工商银行杭州钱江支行 1202026219900061033

货物或应税劳务、服务名称	规格型号	单位	数量	单价	金额	税率	税额
*交通运输设备*汽车		辆	1.00	200000.00	200000.00	13%	26000
合计					¥200000.00		¥26000.00

价税合计（大写）：贰拾贰万陆仟元整　（小写）¥226000.00

销售方	名称：杭州市金丰丰田汽车销售有限公司 纳税人识别号：913301948384759480 地址、电话：浙江省杭州市滨江区春晓路123号 057124503929 开户行及账号：中国工商银行钱江支行 1202026219900061033

开票人：张力

凭证 13-2

浙江增值税普通发票 NO234657843

开票日期：2023年12月05日

购买方	名称：杭州梦舒纺织有限责任公司 纳税人识别号：330100660577550 地址、电话：浙江省杭州市滨江区春晓路123号 0571-28583923 开户行及账号：中国工商银行杭州钱江支行 1202026219900061033

货物或应税劳务、服务名称	规格型号	单位	数量	单价	金额	税率	税额
车辆保险费					5660.38	6%	339.62
合计					¥5660.38		¥339.62

价税合计（大写）：陆仟元整　¥6000.00

销售方	名称：中国人寿财产保险公司浙江省分公司 纳税人识别号：33018374393749 地址、电话：浙江省杭州市环城北路111号 0571-3846483 开户行及账号：中国银行浙江省分行 4568743794095

凭证 13-3

中国工商银行
转账支票存根
10203320
10215243

附加信息 _____
_____

出票日期 2023 年 12 月 4 日

收款人 杭州市金丰丰田汽车销售有限公司

金　额 ￥226 000.00

用　途 购车款

单位主管　倪可　会计　陈杰

凭证 13-4

中国工商银行
转账支票存根
10203310
10613654

附加信息 _____
_____

出票日期 2023 年 12 月 4 日

收款人 中国人寿财产保险公司

金　额 ￥6 000.00

用　途 保险费

单位主管　　　　会计

凭证 13-5

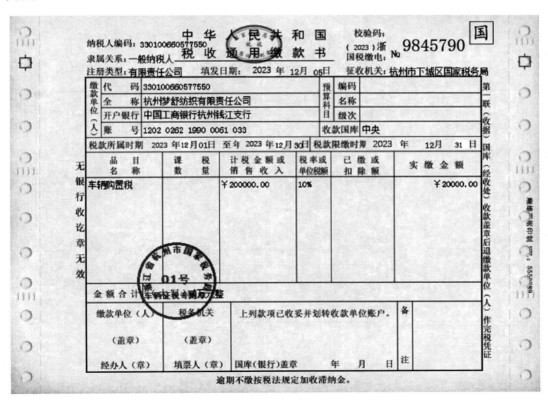

凭证 14-1

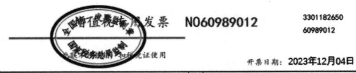

全国增值税普通发票 N060989012

3301182650
60989012

开票日期：2023年12月04日

购买方	名　称：	上海颜料印染有限公司				密码区	67/*+3*0/611*++0/+0*/*+3+2
	纳税人识别号：	91310274856837498					*11**66666**066611**66666
	地址、电话：	杭州市中山北路101号057194849393					1**+216**6000*261*2*4/*54
	开户行及账号：	中国农业银行杭州下城支行6029840483					203994+-42*64151*6915361/3

货物或应税劳务、服务名称	规格型号	单位	数量	单价	金额	税率	税额
*纺织产品*中特棉纱		KG	10000	33.00	330000.00	13%	42900
*纺织产品*细特棉纱		KG	10000	35.00	350000.00	13%	45500
合　计					￥680000.00		￥88400.00

价税合计（大写）　⊗柒拾陆万捌仟肆佰元整　　（小写）￥768400.00

销售方	名　称：	杭州梦舒纺织有限责任公司	备注	
	纳税人识别号：	913301006605775500		
	地址、电话：	浙江省杭州市滨江区春晓路123号057186092483		
	开户行及账号：	中国工商银行杭州钱江支行1202026219900061033		

收款人：　　　复核：　　　开票人：王武　　　销售方：章

凭证 14-2

中国工商银行
转账支票存根
10203310
10613654

附加信息

出票日期 2023年12月4日

收款人　杭州顺达物流有限公司

金　额　￥3500.00

用　途　运输费

单位主管　　　会计

凭证 14-3

出 库 单

出货单位：半成品库　　　　　　2023 年 12 月 4 日　　　　　　　　　　　　　单号：001

提货单位或领货部门	上海颜料印染公司		销售单号	60989012		发出仓库	半成品库	出库日期	2023-12-04
编号	名称及规格	单位	数量			单价		金额	
			应发	实发					
1	中特棉纱	KG	10 000	10 000					
2	细特棉纱	KG	10 000	10 000					
	合计								

部门经理：潘虹　　　　会计：陈杰　　　　仓库：汪峰　　　　经办人：彭喜庆

凭证 15-1

入 库 单

2023 年 12 月 4 日　　　　　　　　　　　　　单号：004

交来单位及部门	织布车间		发票号码或生产单号码	08373		验收仓库	产成品库	入库日期	2023-12-04
编号	名称及规格	单位	数量			单价	金额	备注	
			交库	实收					
1	中平布	m²	8 000	8 000					
2	细布	m²	4 200	4 200					

部门经理：潘虹　　　　会计：陈杰　　　　仓库：刘翰　　　　经办人：余丰莲

凭证 16-1

领 料 单

领料部门：纺纱车间
用途：生产中特棉纱　　　　2023 年 12 月 4 日　　　　　　第 001 号

材料			单位	数量		单价	成本 总价								
编号	名称	规格		请领	实发		百	十	万	千	百	十	元	角	分
1	棉花		KG	20 000	20 000										
合计															

部门经理：潘虹　　　　会计：陈杰　　　　仓库：汪峰　　　　经办人：胡小小

凭证 16-2

领 料 单

领料部门：纺纱车间
用途：生产细特棉纱　　　　　　　　　2023 年 12 月 4 日　　　　　　　第 _002_ 号

材料			单位	数量		单价	成本									
编号	名称	规格					总价									会计联
				请领	实发		百	十	万	千	百	十	元	角	分	
1	棉花		KG	20 000	20 000											
合计																

部门经理：潘虹　　　　会计：陈杰　　　　仓库：汪峰　　　　经办人：胡小小

凭证 16-3

领 料 单

领料部门：纺纱车间
用途：生产中平布　　　　　　　　　2023 年 12 月 4 日　　　　　　　第 _003_ 号

材料			单位	数量		单价	成本									
编号	名称	规格					总价									会计联
				请领	实发		百	十	万	千	百	十	元	角	分	
1	辅助棉纱		KG	5 000	20 000											
2	中特棉纱		KG	11 000	11 000											
合计																

部门经理：潘虹　　　　会计：陈杰　　　　仓库：汪峰　　　　经办人：余丰莲

凭证 16-4

领 料 单

领料部门：纺纱车间
用途：生产细布　　　　　　　　　2023 年 12 月 4 日　　　　　　　第 _004_ 号

材料			单位	数量		单价	成本									
编号	名称	规格					总价									会计联
				请领	实发		百	十	万	千	百	十	元	角	分	
1	辅助棉纱		KG	3 500	3 500											
2	细特棉纱		KG	14 000	14 000											
合计																

部门经理：潘虹　　　　会计：陈杰　　　　仓库：汪峰　　　　经办人：夏峰

凭证 17-1

中国工商银行
转账支票存根
10203310
10613654

附加信息

出票日期 2023 年 12 月 5 日
收款人 春晓街道
金　额 ￥5 000.00
用　途 赞助街道绿化
单位主管　　　会计

凭证 17-2

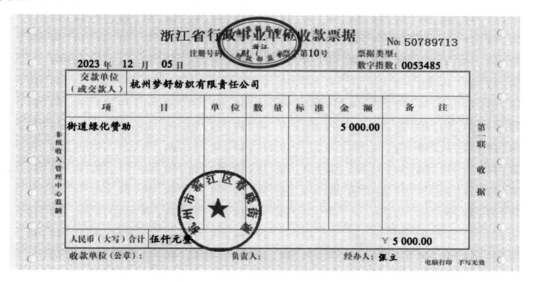

浙江省行政事业单位收款票据　No: 50789713
注册号码：　　浙江　　　第10号　　票据类型：
2023 年 12 月 05 日　　　　　　数字指数：0053485

交款单位（或交款人）：杭州梦舒纺织有限责任公司

项目	单位	数量	标准	金额	备注
街道绿化赞助				5 000.00	

人民币（大写）合计　伍仟元整　　　￥5 000.00

收款单位（公章）：　负责人：　经办人：张立　电脑打印 手写无效

凭证 18-1

工会决议

　　工会于 2023 年 12 月 1 日召开工会决议，基于公司相关福利政策，经工会人员共同商议，于 2023 年 12 月 5 日支付给销售部门职工李妍来家属丧葬费 3 200 元。

杭州梦舒纺织有限责任公司
2023 年 12 月 5 日

凭证 18-2

收 据

今收到杭州梦舒纺织有限责任公司丧葬费 3 200 元。

现金付讫

李妍来家属　李进

2023 年 12 月 5 日

凭证 19-1

凭证 19-2

凭证 20-1

中国工商银行
转账支票存根
10203320
10215247

附加信息

出票日期 2023 年 12 月 5 日
收款人　杭州市仁达维修有限公司
金　额　￥1130.00
用　途　设备维修费
单位主管　倪可　　会计　陈杰

凭证 20-2

浙江省增值税普通发票 N000214101　　330121834523
　　　　　　　　　　　　　　　　　　00214101

机器编码：
66520 23650 2365 02364　　　　　　开票日期：2023年12月05日

购买方	名称	杭州梦舒纺织有限责任公司	密码区	67/*+3*0/611*++0/+0*/*+3+2/9
	纳税人识别号	913301006605775500		*11*+66666**066611*+66666*
	地址、电话	浙江省杭州市滨江区春晓路123号057186092483		1**+216***6000*261*2*4/*547
	开户行及账号	中国工商银行杭州钱江支行1202026219900061033		203994+-42*64151*6915361/3*

货物或应税劳务、服务名称	规格型号	单位	数量	单价	金额	税率	税额
*劳务*设备维修费		1000.00		1000.00	1000.00	13%	130
合计					￥1000.00		￥130.00

价税合计（大写）　⊗壹仟壹佰叁拾元整　　（小写）￥1130.00

销售方	名称	杭州仁达维修有限责任公司	备注	（发票专用章）
	纳税人识别号	913301256429826540		
	地址、电话	杭州市滨江区下浦路019号057158474938		
	开户行及账号	中国银行杭州滨江支行62029804702382 5623		

收款人：　　复核：　　开票人：万达　　销售方：章

· 111 ·

凭证 21-1

凭证 21-2

中国工商银行
转账支票存根
10203310
10613654

附加信息

出票日期 2023 年 12 月 5 日
收款人 杭州梦成培训有限公司
金　额 ￥13 000.00
用　途 培训费
单位主管　　　会计

凭证 22-1

报 销 单

填报日期：2023 年 12 月 5 日

姓名	冯绍	所属部门	行政部	报销形式		发票	
				支票号码			
报销项目		金额		报销项目		金额	
办公耗材		800.00					
餐饮		1 450.00					
				以上单据共 2 张 金额小计 ￥2 250.00			
总金额(大写)	⊗拾⊗万贰仟贰佰伍拾零元零角零分			预支备用金额	￥0.00	应缴备用金额	￥0.00

总经理：夏宇飞　　财务经理：黎明　　部门经理：冯绍　　会计：陈杰　　出纳：纪楠也　　领款人：冯绍

凭证 22-2

浙江增值税普通发票 N002493240　　330121834523
　　　　　　　　　　　　　　　　　　　02493240

开票日期：2023 年 12 月 05 日

购买方	名　称：	杭州梦舒纺织有限责任公司	密码区	67/*+3*0/611*++0/+0*/*+3+2/9
	纳税人识别号：	913301006605775500		*11*+66666**066611*+66666*
	地址、电话：	浙江省杭州市滨江区春晓路123号057186092483		1**+216***6000*261*2*4/*547
	开户行及账号：	中国工商银行杭州钱江支行1202026219900061033		203994+-42*64151*6915361/3*

货物或应税劳务、服务名称	规格型号	单位	数量	单价	金额	税率	税额
*计算机配套产品*墨盒		盒	10	42.566	425.66	13%	55.34
*纸制品*A4纸		盒	20	14.115	282.30	13%	36.7
合　计					￥707.96		￥92.04
价税合计（大写）	⊗捌佰元整				（小写） ￥800.00		

销售方	名　称：	杭州市世纪联华有限公司	备注	
	纳税人识别号：	913301372890353460		
	地址、电话：	浙江省杭州市九堡区九环路21号057187061809		
	开户行及账号：	中国工商银行杭州城西支行12023412199005629300		

收款人：　　复核人：　　开票人：陈力　　销售方：

凭证 22-3

浙江增值税普通发票

发票代码：1231489174981
发票号码：121446
开票日期：2023年12月04日
校验码：123414423

购买方	名　称：	杭州梦舒纺织有限责任公司
	纳税人识别号：	330100660577550
	地址、电话：	浙江省杭州市滨江区春晓路123号 89943938
	开户行及账号：	中国工商银行杭州钱江支行 1202026219900061033

密码区：
67/*+3*0/611*++0*/+3+2/9
11+66666**066611*+66666*
1**+216***6000*261*2*4/*547
203994+-42*64151*6915361/3*

货物或应税劳务、服务名称	规格型号	单位	数量	单价	金额	税率	税额
餐饮					1368.00	6%	82.00
合　计					¥ 1368.00		¥ 82.00

价税合计(大写)：壹仟肆佰伍拾元整　　(小写) ¥ 1450.00

销售方	名　称：	浙江丹桂酒店有限责任公司
	纳税人识别号：	330189388475756
	地址、电话：	浙江省杭州市上城区大道路27号 87034221
	开户行及账号：	中国工商银行杭州城北支行 1203303219965621025

收款人：　　复核：　　开票人：张飞　　销售方：

凭证 23-1

专利权转让合同

专利权转让方(甲方)：浙江飞速科技开发有限公司

专利权转让方(乙方)：杭州梦舒纺织有限责任公司

甲、乙双方经协商一致，对专利权达成如下协议。

一、转让的专利权名称

织布设计软件专利。

二、受让方权限

专利权转让后，专利权归受让方所有。

三、专利权转让的转让费与付款方式

1. 转让费共30万元，合计大写：叁拾万元整。

2. 付款方式：转账。首期支付15万元，余款于2024年6月30日结清。

四、生效日期

本合同自签字盖章之日起生效。

转让方(盖章)

法定代表人：李晓晓

2023年12月6日

受让方(盖章)

法定代表人：夏宇飞

2023年12月6日

凭证 23-2

凭证 23-3

凭证 24-1

凭证 24-2

凭证 25-1

```
中国工商银行
转账支票存根
10203310
10613654

附加信息

出票日期 2023 年 12 月 7 日
收款人  上海华纺有限公司
金  额  ￥753 043.76
用  途  支付货款
单位主管         会计
```

凭证 25-2

购销合同

供货单位(甲方)：上海华纺有限公司

购货单位(乙方)：杭州梦舒纺织有限公司

根据《中华人民共和国民法典》及国家相关法律、法规之规定，甲乙双方本着平等互利的原则，就乙方购买甲方产品一事达成如下协议。

一、产品名称、数量、价格

1. 产品名称：(略)
2. 产品数量：10 036.72
3. 产品价格：单价为 66.00 元(大写人民币陆拾陆元整)
   货款总额为 662 424.00 元(大写人民币陆拾陆万贰仟肆佰贰拾肆元整)

二、货款结算

1. 付款方式：货到付款。现金折扣(2/10，1/20，n/30)。
2. 甲方开户行：中国工商银行上海浦东支行。账号：24567897654345675。

本合同自双方签字、盖章之日起生效。本合同壹式贰份，甲乙双方各执壹份。

甲方(签章)：上海华纺有限公司   乙方(签章)：杭州梦舒纺织有限责任公司
代表(签字)：钱多多   代表(签字)：夏宇飞
地址：上海市浦东新区东往路1号   地址：浙江省杭州市滨江区春晓路
电话：010-13433030   电话：0571-28583923
2023 年 11 月 29 日   2023 年 11 月 29 日

凭证 26-1

领 料 单

领料部门：纺纱车间

用途：　　　　　　　　　　　2023 年 12 月 7 日　　　　　　　　　第_005_号

材料			单位	数量		成本									
编号	名称	规格		请领	实发	单价	总价								
							百	十	万	千	百	十	元	角	分
1	劳保服装		套	5	5										
合计															

部门经理：潘虹　　　　　会计：陈杰　　　　　仓库：汪峰　　　　　经办人：柯玉

凭证 26-2

领 料 单

领料部门：纺纱车间

用途：　　　　　　　　　　　2023 年 12 月 7 日　　　　　　　　　第_006_号

材料			单位	数量		成本									
编号	名称	规格		请领	实发	单价	总价								
							百	十	万	千	百	十	元	角	分
1	劳保服装		套	5	5										
合计															

部门经理：潘虹　　　　　会计：陈杰　　　　　仓库：汪峰　　　　　经办人：万杰

凭证 27-1

购销合同

供方：杭州梦舒纺织有限责任公司　　　　合同号：457209457
需方：杭州格艺布厂　　　　　　　　　　签订日期：2023 年 12 月 8 日
经双方协议，订立本合同如下：

产品型号	名称	数量	单价	总额	其他要求
12376	细布	18 000m²	33.00	594 000.00	
12379	中平布	20 000m²	30.00	600 000.00	
合计				￥1 194 000.00	
货款总计(大写)壹佰壹拾玖万肆仟元整					

质量验收标准：符合国家同类产品质量标准
交货日期：2023 年 12 月 10 日以前
交货地点：需方仓库，运杂费由供方承担
结算方式：银行汇票
违约条款：违约方须赔偿对方一切经济损失，但遇天灾人祸或其他人力不能控制之因素而导致延误交货，需方不能要求供方赔偿任何损失。
解决合同纠纷方式：经双方友好协商解决，协商不成的，可向当地仲裁委员会提出申诉解决。
本合同一式两份，供需双方各执一份，自签订之日起生效。

供方(盖章)：杭州梦舒纺织有限责任公司　　　需方(盖章)：杭州格艺布厂
税号：33010366057550　　　　　　　　　　　　税号：330173345625987
开户行账号：中国工商银行杭州钱江支行　　　开户行账号：中国工商银行城东支行
　　　　　　1202026219990006　　　　　　　　　　　　　　1039842093238984
地址：浙江省杭州市滨江区春晓路123号　　　　地址：浙江省杭州市下沙九堡
法定代表：夏云飞　　　　　　　　　　　　　法定代表：杨华
联系电话：0571-84943938　　　　　　　　　　联系电话：0571-47584730

凭证 27-2

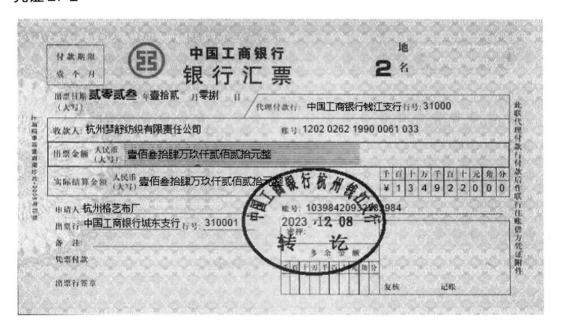

凭证 27-3

凭证 27-4

出 库 单

出货单位：产成品库　　　　　　　　　2023 年 12 月 8 日　　　　　　　　　单号：002

提货单位或领货部门	杭州格艺布厂	销售单号	60989013	发出仓库	产成品库	出库日期	2023-12-08
编号	名称及规格	单位	数量 应发	数量 实发	单价		金额
1	细布	m²	18 000	18 000			
2	中平布	m²	20 000	20 000			
	合计						

部门经理：张建峰　　　　会计：陈杰　　　　仓库：刘翰　　　　经办人：杨金

凭证 28-1

凭证 28-2

凭证 29-1

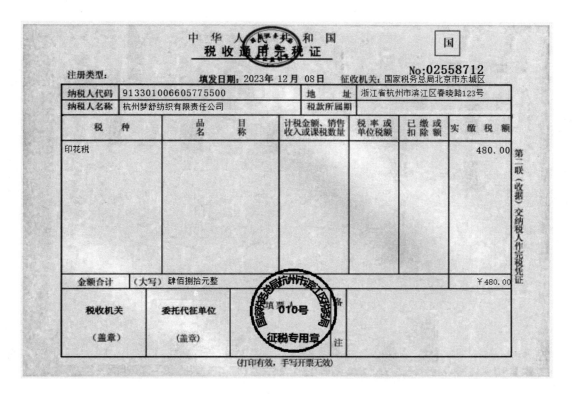

凭证 29-2

报 销 单

填报日期: 2023 年 12 月 8 日　　　　单据及附件共 1 张

姓名	陈杰	所属部门	财务部	报销形式		现金	
				支票号码			
报销项目			摘要		金额	备注:	
购买印花税票					480.00		
						现金付讫	
		合计			￥480.00		
金额大写：零 拾 零 万 零 仟 肆 佰 捌 拾 零 元 零 角 零 分				原借款：￥0.00 元		应退款： 　　　　元	
						应补款：￥480.00 元	

总经理：夏宇飞　　财务经理：倪可　　部门经理：冯绍　　会计：陈杰　　出纳：纪楠也　　领款人：陈杰

凭证 30-1

中国工商银行业务回单

2023 年 12 月 09 日　　　　　凭证编号：01361456

付款人	全称	杭州格艺布厂	收款人	全称	杭州梦舒纺织有限责任公司
	账号	2039842093238298400		账号	1202026219900061033
	开户行	中国工商银行城东支行		开户行	中国工商银行杭州钱江支行

大写金额：人民币（大写）壹佰叁拾肆万玖仟贰佰贰拾元整　¥134 922 00 0

中国工商银行杭州钱江支行　2023.12.09　开户行盖章
转讫(01)

用途：
备注：业务种类／原凭证种类／原凭证号码／原凭证金额

凭证 31-1

购销合同

供方：杭州梦舒纺织有限责任公司　　　　合同号：930429384
需方：杭州科贝纺织公司　　　　　　　　签订日期：2023 年 12 月 9 日

经双方协议，订立本合同如下：

产品型号	名称	数量	单价	总额	其他要求
2343	细特棉纱	4 000KG	36.00	144 000.00	
2316	中平布	14 500m²	40.00	580 000.00	
合计				¥724 000.00	

货款总计(大写)柒拾贰万肆仟元整

质量验收标准：符合国家同类产品质量标准
交货日期：2023 年 12 月 15 日以前
交货地点：需方仓库
结算方式：现金折扣(2/10，1/20，n/30)
违约条款：违约方须赔偿对方一切经济损失，但遇天灾人祸或其他人力不能控制之因素而导致延误交货，需方不能要求供方赔偿任何损失。
解决合同纠纷方式：经双方友好协商解决，协商不成的，可向当地仲裁委员会提出申诉解决。
本合同一式两份，供需双方各执一份，自签订之日起生效。

供方(盖章)：杭州梦舒纺织有限责任公司　　需方(盖章)：杭州科贝纺织公司
税号：330102860577550　　　　　　　　　税号：330184839483948
开户行账号：中国工商银行杭州钱江支行　　开户行账号：中国工商银行九堡支行
　　　　　　1202026219900006　　　　　　　　　　　　1202959285940 5832
地址：浙江省杭州市滨江区春晓路 123 号　　地址：浙江省杭州市下沙九堡
法定代表：夏宇飞　　　　　　　　　　　　法定代表：许昌
联系电话：0571-84943928　　　　　　　　联系电话：0571-89263847

凭证 31-2

凭证 31-3

出 库 单

出货单位：产成品库　　　　　　　2023 年 12 月 9 日　　　　　　　单号：003

提货单位或领货部门	杭州科贝纺织公司		销售单号	60989014	发出仓库	产成品库	出库日期	2023-12-09	
编号	名称及规格	单位	数量		单价		金额		会
			应发	实发					计
1	中平布	m²	14 500	14 500					联
	合计								

部门经理：潘虹　　　　会计：陈杰　　　　仓库：刘翰　　　　经办人：刘筠

凭证 31-4

出 库 单

出货单位：半成品库　　　　　　2023 年 12 月 9 日　　　　　　单号：101

提货单位或领货部门	杭州科贝纺织公司		销售单号	60989014		发出仓库	半成品库	出库日期	2023-12-09	
编号	名称及规格	单位	数量		单价			金额		会
			应发	实发						计
1	细特棉纱	KG	4 000	4 000						联
	合计									

部门经理：张建峰　　　　会计：陈杰　　　　仓库：刘翰　　　　经办人：刘筠

凭证 32-1

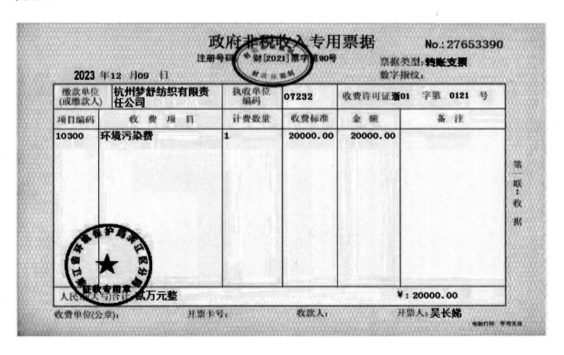

凭证 32-2

中国工商银行
转账支票存根
10203310
10613654

附加信息

出票日期 2023 年 12 月 9 日
收款人 杭州市环保局滨江分局
金 额 ¥20 000.00
用 途 环境污染罚款
单位主管　　会计

凭证 33-1

入 库 单

2023 年 12 月 9 日　　　　　　　　　　　　　　　单号：005

交来单位及部门	宁波白云棉花厂		发票号码或生产单号码	60975755		验收仓库	材料库	入库日期	2023-12-09
编号	名称及规格	单位	数量		单价	金额		备注	
			交库	实收					
1	棉花	KG	50 000	50 000					

部门经理：胡晓　　　　会计：陈杰　　　　仓库：刘翰　　　　经办人：张小帅

凭证 33-2

中国工商银行 电汇凭证（回单）1

☐普通 ☐加急　　委托日期 2023 年 12 月 09 日

汇款人	全称	杭州梦舒纺织有限责任公司	收款人	全称	宁波白云棉花厂
	账号	1202026219900061033		账号	1202093795740958945
	汇出地点	浙江 省 杭州 市/县		汇入地点	浙江 省 宁波 市/县
	汇出行名称	中国工商银行杭州钱江支行		汇入行名称	中国工商银行宁波城东支行

金额 壹佰叁拾壹万伍仟伍佰元整　　¥ 1 3 1 5 5 0 0 00

中国工商银行
2023.12.09
汇出行签章
转讫

票证安全码

附加信息及用途：

复核　　　记账

凭证 34-1

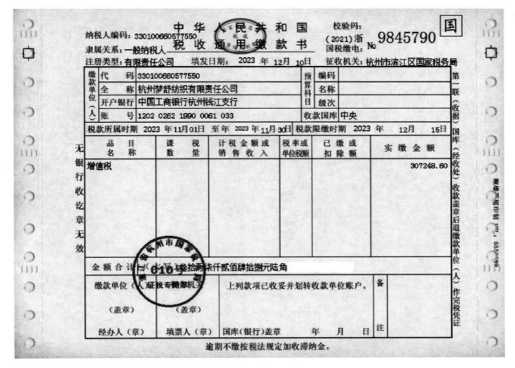

凭证 35-1

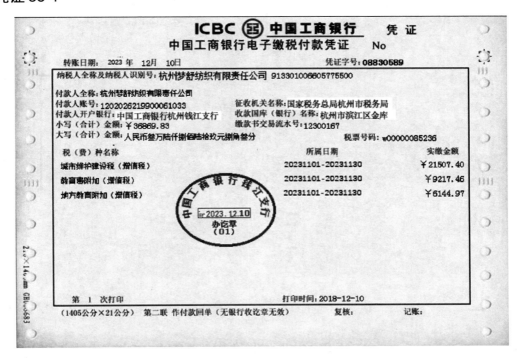

凭证 35-2

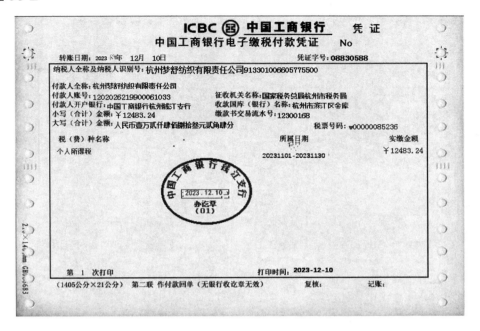

凭证 36-1

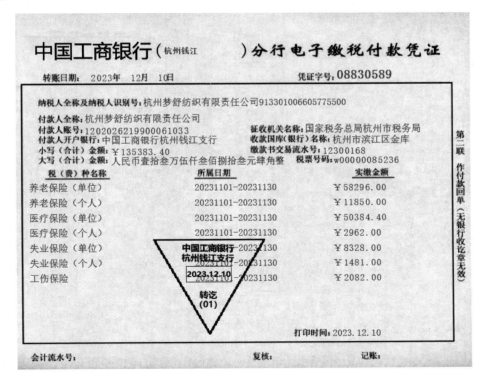

凭证 37-1

工资分配汇总表(12月)　　　　　　　　　　单位：元

部门	会计科目	明细科目	分配金额	备注
合计				

审核：　　　　　　　　　　　　　　编制：

凭证 37-2

编号	所属部门	担任职务	职员名称	类别	基本工资	奖金	岗位津贴	应付工资	养老保险（8%）	医疗保险（2%）	失业保险（0.5%）	住房公积金（12%）	应纳个税所得额	个人所得税	实发工资
1	行政部	总经理	夏宇飞	企业管理	10 000	3 000	1 000	14 000	1 120	280	70	1 680	5 850	375	10 475
2		生产副总经理	潘虹	企业管理	9 000	3 000	1 000	13 000	1 040	260	65	1 560	5 075	297.5	9 777.5
3		财务副总经理	蔡明	企业管理	9 000	3 000	1 000	13 000	1 040	260	65	1 560	5 075	297.5	9 777.5
4		销售副总	张建峰	企业管理	9 000	3 500	1 000	13 500	1 080	270	67.5	1 620	5 462.5	336.25	10 126.25
5		主任	冯绍	企业管理	8 500	2 000	800	11300	904	226	56.5	1 356	3 757.5	165.75	8 591.75
6		秘书	李芳	企业管理	4 000	1 000	500	5 500	440	110	27.5	660	0	0	4 262.5
7	人力资源部	人事管理	张中亚	企业管理	5 000	1 000	1 000	7 000	560	140	35	840	425	12.75	5 412.25
8	财务部	财务主管	倪可	企业管理	6 500	1 000	1 000	8 500	680	170	42.5	1 020	1 587.5	47.625	6 539.875
9		总账会计	陈杰	企业管理	5 500	1 000	800	7 300	584	146	36.5	876	657.5	19.725	5 637.775
10		出纳	纪楠也	企业管理	4 500	1 000	800	6 300	504	126	31.5	756	0	0	4 882.5
11	采购部	采购员	胡晓	企业管理	5 500	1 000	500	7 000	560	140	35	840	425	12.75	5 412.25
12		采购员	张小帅	企业管理	5 500	1 000	500	7 000	560	140	35	840	425	12.75	5 412.25
13	纺纱车间	车间主任	杨洋	车间管理	7 500	1 500	800	9 800	784	196	49	1 176	2 595	77.85	7 517.15
14		车间班长	王达	车间管理	6 500	1 500	800	8 800	704	176	44	1 056	1 820		6 765.4
15		高级工人	胡攀	基本生产	6 500	1 000	800	8 300	664	166	41.5	996	1432.5	42.975	6 389.525
16		高级工人	章纪中	基本生产	6 500	1 000	800	8 300	664	166	41.5	996	1432.5	42.975	6 389.525
17		工人	柯玉	基本生产	6 000	1 000	800	7 800	624	156	39	936	1 045	31.35	6 013.65
18		工人	楚奇	基本生产	6 000	1 000	800	7 800	624	156	39	936	1 045	31.35	6 013.65
19		工人	陈书达	基本生产	6 000	1 000	800	7 800	624	156	39	936	1 045	31.35	6 013.65
20		工人	王小安	基本生产	6 000	1 000	800	7 800	624	156	39	936	1 045	31.35	6 013.65
21		工人	李可	基本生产	6 000	1 000	800	7 800	624	156	39	936	1 045	31.35	6 013.65
22		工人	胡小小	基本生产	6 000	1 000	800	7 800	624	156	39	936	1 045	31.35	6 013.65
23	织布车间	车间主任	段誉	车间管理	7 500	1 500	800	9 800	784	196	49	1 176	2 595	77.85	7 517.15
24		车间班长	赵都	车间管理	6 500	1 500	800	8 800	704	176	44	1 056	1 820	54.6	6 765.4
25		高级工人	黄小莉	基本生产	6 500	1 000	800	8 300	664	166	41.5	996	1 432.5	42.975	6389.525
26		高级工人	雨薇	基本生产	6 500	1 000	800	8 300	664	166	41.5	996	1 432.5	42.975	6389.525
27		工人	葛革	基本生产	6 000	1 000	800	7 800	624	156	39	936	1 045	31.35	6 013.65
28		工人	万杰	基本生产	6 000	1 000	800	7 800	624	156	39	936	1 045	31.35	6 013.65
29		工人	赵凌	基本生产	6 000	1 000	800	7 800	624	156	39	936	1 045	31.35	6 013.65
30		工人	夏峰	基本生产	6 000	1 000	800	7 800	624	156	39	936	1 045	31.35	6 013.65
31		工人	余丰莲	基本生产	6 000	1 000	800	7 800	624	156	39	936	1 045	31.35	6 013.65
32		工人	彭春庆	基本生产	6 000	1 000	800	7 800	624	156	39	936	1 045	31.35	6 013.65
33	机修车间	车间主任	王和伟	辅助生产	7 500	1 500	800	9 800	784	196	49	1176	2 595	77.85	7 517.15
34		工人	丁裕	辅助生产	6 000	1 000	800	8 300	664	166	41.5	996	1 432.5	42.975	6 389.525
35	质检部	质检员	谢韵	企业管理	6 000	1 500	800	8 300	664	166	41.5	996	1 432.5	42.975	6 389.525
36	销售部	销售组长	刘鑫	企业销售	7 500	3 500	1 000	12 000	960	240	60	1440	4 300	220	9 080
37		销售组长	余健	企业销售	7 500	3 500	1 000	12 000	960	240	60	1440	4 300	220	9 080
38		销售组长	谢敬	企业销售	7 500	3 500	800	11 800	944	236	59	1416	4 145	204.5	8 940.5
39		销售员	刘小雨	企业销售	6 500	3 500	800	10 800	864	216	54	1296	3 370	127	8 243
40		销售员	万小燕	企业销售	6 500	3 500	800	10 800	864	216	54	1296	3 370	127	8 243
41		销售员	倪妮	企业销售	6 500	3 500	800	10 800	864	216	54	1296	3 370	127	8 243
42		销售员	杨金	企业销售	6 500	3 500	800	10 800	864	216	54	1296	3 370	127	8 243
43		销售员	刘钧	企业销售	6 500	3 500	800	10 800	864	216	54	1296	3 370	127	8 243
44		销售员	李妍来	企业销售	6 500	3 500	800	10 800	864	216	54	1296	3 370	127	8 243
45	仓储部	管理员	刘翰	企业管理	4 500	1 000	500	6 000	480	120	30	720	0	0	4 650
46		管理员	汪峰	企业管理	4 500	1 000	500	6 000	480	120	30	720	0	0	4 650
	合计				298 000	81 500	36 900	41 6400	33 312	8 328	2082	49 968	94 265	3 960.9	318 749.1

凭证38-1

报 销 单

填报日期：2023 年 12 月 10 日　　　　　　单据及附件共 6 张

姓名	张建峰	所属部门	销售部	报销形式		发票	备注：
				支票号码		30109810	
报销项目		摘要		金额			
往返机票				1 630.00			
住宿费				900.00			
出租车费				267.00			
餐饮费				480.00			
出差补助费				300.00			
合计				￥3 577.00		现金付讫	

金额大写：⊗ 拾 ⊗ 万 叁 仟 伍 佰 柒 拾 柒 元 零 角 零 分　　原借款：￥4 000.00 元　　应退(补)款：￥423.00 元

总经理：夏宇飞　　财务经理：倪可　　部门经理：　　会计：　　出纳：纪楠也　　领款人：张建峰

凭证38-2

凭证38-3

凭证38-4

凭证38-5

凭证38-6

凭证38-7

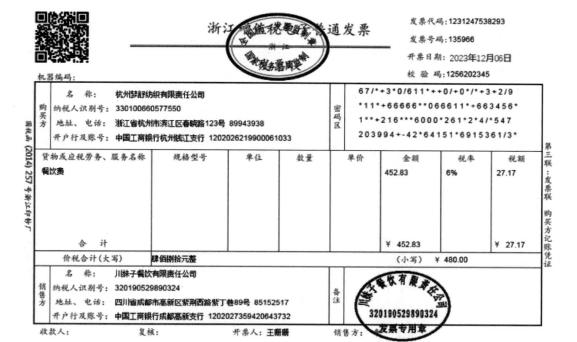

凭证38-8

收款收据 No 00490021

2023 年 12 月 10 日

今收到 张建峰

交来：预借差旅费剩余款项

金额大写： ⊗ 拾 ⊗ 万 ⊗ 仟 肆 佰 贰 拾 叁 元 零 角 零 分

¥ 423.00 ☑现金 □支票 □信用卡 □其他

收款单位(盖章)

核准： 会计： 记账： 出纳：纪楠也 经手人：

凭证 39-1

领 料 单

领料部门：织布车间

用途：领用低值易耗品　　　　2023 年 12 月 11 日　　　　　　第 007 号

材料			单位	数量		单价	成本							
编号	名称	规格					总价							
				请领	实发		百	十	万	千	百	十	元	角	分
1	套件工具		件	10	10					2	0	0	0	0
2	周转箱		个	50	50					2	7	5	0	0	0
3	包装箱		个	500	500					5	0	0	0	0	0
合计							¥		7	9	5	0	0	0

部门经理：潘虹　　　会计：陈杰　　　仓库：汪峰　　　经办人：赵凌

凭证 39-2

领 料 单

领料部门：纺纱车间

用途：领用低值易耗品　　　　2023 年 12 月 11 日　　　　　　第 008 号

材料			单位	数量		单价	成本							
编号	名称	规格					总价							
				请领	实发		百	十	万	千	百	十	元	角	分
1	周转箱		个	70	70					3	8	5	0	0	0
2	包装箱		个	200	200					2	0	0	0	0	0
合计							¥		5	8	5	0	0	0

部门经理：潘虹　　　会计：陈杰　　　仓库：汪峰　　　经办人：柯玉

凭证 40-1

收款收据　　　No 1213

2023 年 12 月 11 日

今收到　赵凌违

系付：违规操作罚款　　　现金付讫　　　杭州梦舒纺织有限责任公司

金额大写：⊗ 拾 ⊗ 万 ⊗ 仟 贰 佰 零 拾 零 元 零 角 零 分

¥200.00　　　　　　　　　　　（单位盖章）

核准：　　会计：　　记账：　　出纳：纪楠也　　经手人：张亚中

凭证 41-1

中国工商银行
现金支票存根
10203310
10613654

附加信息

出票日期 2023 年 12 月 11 日

收款人	杭州梦舒纺织有限责任公司
金　额	￥12 000.00
用　途	支付工资

单位主管　　　　会计

凭证 42-1

入 库 单

2023 年 12 月 11 日　　　　　　　　　　　　　　　　单号：006

交来单位及部门	纺纱车间		发票号码或生产单号码	4392520934		验收仓库	半成品库	入库日期	2023-12-11	
编号	名称及规格	单位	数量		单价	金额	备注			会计联
			交库	实收						
1	中特棉纱	KG	18 000	18 000						
2	细特棉纱	KG	28 000	28 000						

部门经理：潘虹　　　　会计：陈杰　　　　仓库：刘翰　　　　经办人：章纪中

凭证43-1

商业承兑汇票

出票日期（大写）：贰零贰叁 年 零壹拾 月 壹拾贰 日

付款人	全称	杭州富姬贸易有限公司	申请人	全称	杭州梦舒纺织有限责任公司
	账号	120230702708709		账号	1202026219900061033
	开户银行	中国农业银行杭州滨江支行		开户银行	中国工商银行杭州钱江支行

出票金额	人民币（大写）	壹佰贰拾叁万肆仟元整	￥1234000000

汇款到期日（大写）	贰零贰肆年零壹月壹拾贰日

交易合同号码	0008348234	付款人开户行	行号	2394203511
			地址	浙江杭州市三角街道319号

本汇票请你行承兑，到期无条件付款。 承兑日期 2023年10月12日

本汇票请予以承兑，于到期日付款。 出票人签章

凭证43-2

贴现凭证（收款通知）

填写日期 贰零贰叁年 壹拾贰月 壹拾贰日   第 010246 号

贴现汇票	种类	商业汇票	号码	68791083	申请人	全称	杭州梦舒纺织有限责任公司
	出票日	2023年10月12日				账号	1202026219900061033
	到期日	2024年1月12日				开户银行	中国工商银行杭州钱江支行
汇票承兑人（或银行）	名称	杭州富姬贸易有限公司	账号	120230702708709		开户银行	中国农业银行杭州滨江分行

汇票金额（即贴现金额）	人民币（大写）	壹佰贰拾叁万肆仟元整	￥1234000000

贴现率 每月	5‰	贴现利息	￥617000	实付贴现金额	￥12278300 0

上述款项已入你单位账号。
此致
贴现申请人

银行盖章

中国农业银行杭州滨江支行 2023.12.12 转讫(01)

凭证 44-1

入 库 单

2023 年 12 月 12 日　　　　　　　　单号：007

交来单位及部门	织布车间		发票号码或生产单号码		3489348	验收仓库	产成品库	入库日期	2023-12-12	会
编号	名称及规格	单位	数量		单价	金额		备注		计
			交库	实收						联
1	中平布	m²	28 000	28 000						
2	细布	m²	19 600	19 600						

部门经理：潘虹　　　　会计：陈杰　　　　仓库：刘翰　　　　经办人：夏峰

凭证 45-1

中国工商银行
转账支票存根
10203310
10613654

附加信息

出票日期 2023 年 12 月 13 日

收款人　杭州广而告之传媒公司

金　额　￥20 000.00

用　途　广告费

单位主管　　　会计

凭证 45-2

凭证 46-1

凭证46-2

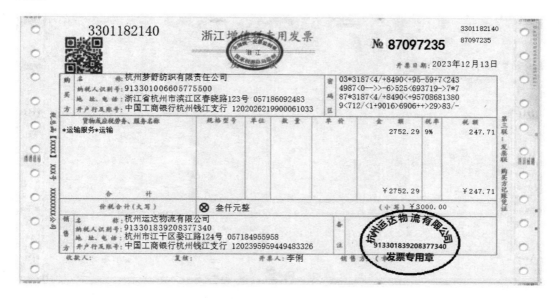

凭证46-3

凭证 46-4

出 库 单

出货单位：产成品库　　　　2023 年 12 月 13 日　　　　　单号：004

提货单位或领货部门	河北淑贝纺织公司	销售单号	60989015		发出仓库	产成品库	出库日期	2023-12-13
编号	名称及规格	单位	数量		单价		金额	
			应发	实发				
1	中平布	m²	10 000	10 000				
2	细布	m²	15 000	15 000				
合计								

部门经理：张建峰　　　会计：陈杰　　　仓库：汪峰　　　经办人：万小燕

凭证 46-5

中 国 工 商 银 行 收 费 凭 证

2023 年 12 月 13 日

户　名	杭州梦舒纺织有限责任公司		开户银行	中国工商银行杭州钱江支行			
账　号	1202026219900061033		收费种类	托收手续费			
1.客户购买凭证时，在"收费种类"栏填写所购凭证的名称。2.客户办理结算业务时，在"收费种类"栏分别填写手续费或邮电费，在"结算种类"栏填写办理的方式。	凭证(结算)种类	单价	数量		千百十万千百十元角分		
	银行承兑汇票	￥50.00	1		￥5000		
	合计	人民币（大写）	伍拾元整		中国工商银行杭州钱江支行 2023.12.13 收讫 受托抵用(03)		

复核：张三　　　　　　记账：王倩

凭证 47-1

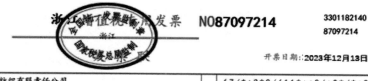

凭证 47-2

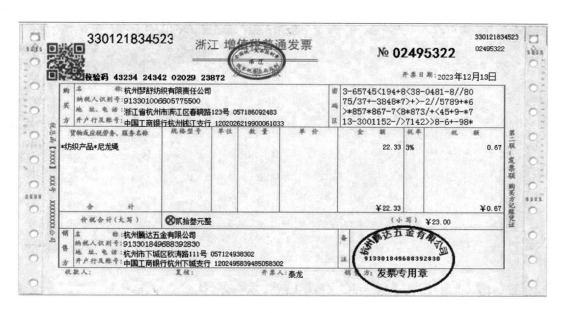

凭证47-3

中国工商银行
转账支票存根
10203320
10215255

附加信息 _____

出票日期 2023 年 12 月 13 日

收款人	杭州腾达五金有限公司
金　额	￥3 051.00
用　途	维修设备

单位主管　倪可　　会计　陈杰

凭证47-4

报 销 单

填报日期：2023 年 12 月 13 日　　　　单据及附件共 3 张

姓名	王和伟	所属部门	机修车间	报销形式	现金	现金付讫
				支票号码		
报销项目		摘要		金额	备注：	
机修工具		尼龙绳		23.00		
合计				￥23.00		

金额大写：零拾零万零仟零佰贰拾叁元零角零分　　原借款：￥0.00 元　　应退款：　　元
　　　　　　　　　　　　　　　　　　　　　　　　　　　　　　　　　应补款：￥0.00 元

总经理：夏宇飞　财务经理：黎明　部门经理：冯绍　会计：陈杰　出纳：纪楠也　领款人：王和伟

凭证 47-5

领 料 单

领料部门：机修车间

用途：维修　　　　　　　　　　2023 年 12 月 13 日　　　　　　　　第 008 号

材料			单位	数量		单价	成本								
							总价								
编号	名称	规格		请领	实发		百	十	万	千	百	十	元	角	分
1	工具箱		个	5	5				2	5	0	0	0	0	
2	卡尺		个	5	5					2	2	3	0	0	
							￥		2	7	2	3	0	0	

会计联

部门经理：潘虹　　　　　会计：陈杰　　　　　仓库：刘翰　　　　　经办人：丁裕

凭证 48-1

中国工商银行
转账支票存根
10203310
10613654

附加信息

出票日期 2023 年 12 月 13 日

收款人　壹基金

金　额　￥50 000.00

用　途　捐赠

单位主管　　　　会计

凭证 48-2

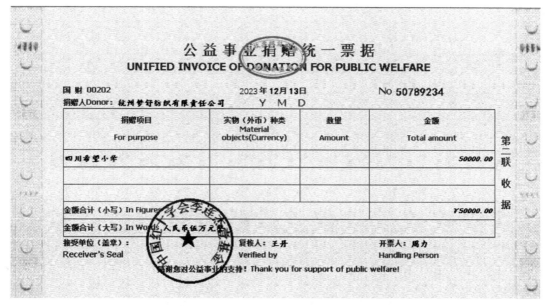

凭证 49-1

领 料 单

领料部门：纺纱车间

用途：生产中特棉纱　　　　　2023 年 12 月 13 日　　　　　第 _009_ 号

材料			单位	数量		成本	
编号	名称	规格		请领	实发	单价	总价（百十万千百十元角分）
1	棉花		KG	25 000	25 000		
2	浆料		KG	400	400		
3	纸管		个	5 000	5 000		
4	包套		个	3 000	3 000		

部门经理：潘虹　　　　会计：陈杰　　　　仓库：刘翰　　　　经办人：王小安

凭证 49-2

领 料 单

领料部门：纺纱车间

用途：生产细特棉纱　　　　　2023 年 12 月 13 日　　　　　第 _010_ 号

材料			单位	数量		成本	
编号	名称	规格		请领	实发	单价	总价（百十万千百十元角分）
1	棉花		KG	23 000	23 000		
2	浆料		KG	500	500		
3	纸管		个	6 000	6 000		
4	包套		个	3 000	3 000		

部门经理：潘虹　　　　会计：陈杰　　　　仓库：刘翰　　　　经办人：王小安

凭证 50-1

领 料 单

领料部门：织布车间
用途：生产中平布　　　　　　　　2023 年 12 月 14 日　　　　　　　　第 _011_ 号

材料			单位	数量		单价	成本 总价								
编号	名称	规格		请领	实发		百	十	万	千	百	十	元	角	分
1	中特棉纱		KG	20 000	20 000										
2	辅助棉纱		KG	5 000	5 000										
3	浆料		KG	1 000	1 000										
4	纸管		个	4 000	4 000										

部门经理：潘虹　　　　　会计：陈杰　　　　　仓库：刘翰　　　　　经办人：余丰莲

凭证 50-2

领 料 单

领料部门：织布车间
用途：生产中平布　　　　　　　　2023 年 12 月 14 日　　　　　　　　第 _012_ 号

材料			单位	数量		单价	成本 总价								
编号	名称	规格		请领	实发		百	十	万	千	百	十	元	角	分
5	包套		个	2 000	2 000										

部门经理：潘虹　　　　　会计：陈杰　　　　　仓库：刘翰　　　　　经办人：余丰莲

凭证 50-3

领 料 单

领料部门：织布车间
用途：生产细布　　　　　　　　2023 年 12 月 14 日　　　　　　　　第 _013_ 号

材料			单位	数量		单价	成本 总价								
编号	名称	规格		请领	实发		百	十	万	千	百	十	元	角	分
1	细特棉纱		KG	28 000	28 000										
2	辅助棉纱		KG	5 600	5 600										
3	浆料		KG	1 000	1 000										
4	纸管		个	4 000	4 000										

部门经理：潘虹　　　　　会计：陈杰　　　　　仓库：刘翰　　　　　经办人：雨薇

凭证 50-4

领 料 单

领料部门：织布车间
用途：生产细布
2023 年 12 月 14 日
第 014 号

材料			单位	数量		单价	成本 总价								
编号	名称	规格		请领	实发		百	十	万	千	百	十	元	角	分
5	包套		个	2 000	2 000										

部门经理：潘虹　　　会计：陈杰　　　仓库：刘翰　　　经办人：雨薇

凭证 51-1

杭州北方棉花厂应付账款处理意见

经调查，杭州北方棉花厂已倒闭，对方账户已注销，无法支付 2023 年 1 月 15 日的赊比采购款 46 800.00 元。经董事会协商，拟转销该笔账款。

凭证 52-1

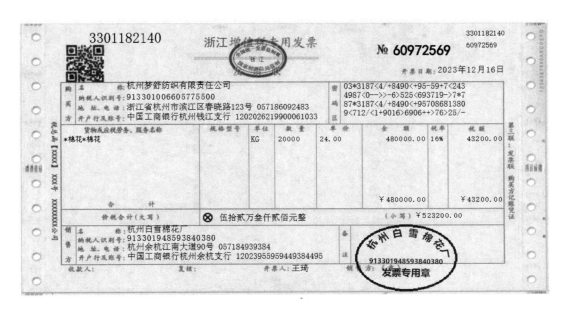

凭证 52-2

入 库 单

2023 年 12 月 16 日　　　　　　　　　　　单号：008

交来单位及部门	杭州白雪棉花厂		发票号码或生产单号码	60974684		验收仓库	材料库	入库日期	2023-12-16
编号	名称及规格	单位	数量		单价		金额	备注	
			交库	实收					
1	棉花	KG	20 000	20 000					

部门经理：冯绍　　会计：陈杰　　仓库：刘翰　　经办人：张小帅

凭证 53-1

固定资产报废单

2023 年 12 月 16 日　　　　　　　　　　　凭证编号：001

固定资产名称及编号	规格型号	单位	数量	购买日期	已计提折旧月数	原始价值	已提折旧	备注
计算机18	联想RT510	台	1	2020-06-13	18	￥5 000.00	￥2 500.00	
固定资产状况及报废原因		待售，电子设备更新						
处理意见	使用部门		技术鉴定小组		固定资产管理部门		主管部门审批	
	同意 李芳		同意 陶韵		同意 冯绍		同意 夏宇飞	

审核：冯绍　　制单：李芳

凭证 53-2

收款收据　No 00490021

2023 年 12 月 16 日

今收到　杭州仁达维修有限公司

交来　电脑款　　　　　　　　现金付讫

金额大写：⊗拾⊗万⊗仟伍佰零拾零元零角零分

￥ 500.00　　　☑现金　□支票　□信用卡　□其他

核准：　　会计：　　记账：　　出纳：纪楠也　　经手人：张亚中

凭证 53-3

凭证 54-1

凭证 54-2

中国工商银行进账单（收账通知）

2023 年 12 月 16 日

出票人	全称	河北淑贝纺织有限公司	收款人	全称	杭州梦舒纺织有限责任公司
	账号	29007909284753928382		账号	1202026219900061033
	开户银行	中国工商银行保定支行		开户银行	中国工商银行杭州钱江支行
金额	人民币（大写）	捌拾叁万陆仟贰佰元整			¥836200000 千百十万千百十元角分
票据种类			票据张数		
票据号码					

中国工商银行 2023.12.16 转讫

复核：　　　　记账：　　　　收款人开户行银行盖章

此联是收款人开户银行交给收款人的收款通知

凭证 55-1

报 销 单

填报日期：2023 年 12 月 18 日　　　　单据及附件共 3 张

姓名	王忠福	所属部门		司机	报销形式	增值税普通发票
					支票号码	现金付讫
报销项目			摘要		金额	备注：
油费			司机报销油费		1 300.00	
合计					¥1 300.00	

金额大写：零拾零万壹仟叁佰零拾零元零角零分　　原借款：¥0.00 元　　应退款：　　　元　　应补款：¥1 300.00 元

总经理：夏宇飞　财务经理：倪可　部门经理：冯绍　会计：陈杰　出纳：纪楠也　领款人：王忠福

凭证 55-2

凭证 55-3

凭证 55-4

凭证 56-1

凭证 57-1

存货盘盈/亏处理报告表

2023 年 12 月 19 日

企业名称：杭州梦舒纺织有限责任公司　　　　　　　　　　　　　　　　单位：元

存货名称	计量单位	单价	数量		盘盈		盘亏		差异原因
			账存	实存	数量	金额	数量	金额	
包装箱	个	10.00	2 300	1 700			600	6 000.00	仓库意外起火
财务部门建议处理意见：									
单位主管部门批复处理意见：									

批准人：　　　　　审批人：　　　　　部门负责人：　　　　　制单：汪嵘

凭证 58-1

浙江增值税专用发票 No 60989017　开票日期：2023年12月20日

购买方：宁波纯菲印染有限公司
纳税人识别号：913201959409372090
地址、电话：浙江省宁波市江东区江南路18号 057402973595
开户行及账号：中国工商银行宁波江东支行 1203897590280949920

货物或应税劳务、服务名称	规格型号	单位	数量	单价	金额	税率	税额
*纺织产品*中平布		m³	18550	40.00	754000.00	13%	98020.00
*纺织产品*细布		m³	30000	40.00	1200000.00	13%	156000.00
合　计					¥1954000.00		¥254020.00

价税合计（大写）：贰佰贰拾万捌仟零贰拾元整　（小写）¥2208020.00

销售方：杭州梦舒纺织有限责任公司
纳税人识别号：913301006605775500
地址、电话：浙江省杭州市滨江区春晓路123号 057186092483
开户行及账号：中国工商银行杭州钱江支行 1202026219900061033

收款人：　　　复核：　　　开票人：纪楠也　　　销售方：(发票专用章)

凭证 58-2

收款收据   No 00490234

2023 年 12 月 20 日

今收到　杭州梦舒纺织有限责任公司

交来：运输款

金额大写：⊗ 拾 ⊗ 万 玖 仟 零 佰 零 拾 零 元 零 角 零 分

￥ 9 000.00　　　☑现金　□支票　□信用卡　□其他

核准：　　会计：　　记账：　　出纳：王涵

（盖章）宁波安达物流有限公司 财务专用章　经手人 王飞

第二联 交对方

凭证 58-3

出 库 单

出货单位：产成品库　　2023 年 12 月 20 日　　单号：005

提货单位或领货部门	宁波纯菲印染公司	销售单号	60989016	发出仓库	产成品库	出库日期	2023-12-20
编号	名称及规格	单位	数量		单价		金额
			应发	实发			
1	中平布	m²	18 850	26 000			
2	细布	m²	30 000	40 000			
	合计						

部门经理：张建峰　　会计：陈杰　　仓库：汪峰　　经办人：杨金

会计联

凭证58-4

中国工商银行进账单（收账通知）
2023年12月20日

出票人	全称	宁波纯菲印染有限公司	收款人	全称	杭州梦舒纺织有限责任公司
	账号	1203897590280949920		账号	1202026219900061033
	开户银行	中国工商银行宁波江东支行		开户银行	中国工商银行钱江支行

金额（大写）：贰佰贰拾壹万柒仟零贰拾元整　￥2217020.00

票据种类：　　票据张数：
票据号码：

收款人开户银行盖章：中国工商银行 2023.12.20 转讫

凭证59-1

凭证 59-2

出 库 单

出货单位：杭州梦舒纺织有限责任公司　　2023 年 12 月 21 日　　单号：002

提货单位或领货部门	名称及规格	单位	数量		发出仓库	材料库	出库日期	2023-12-21
杭州白雪棉花公司			销售单号					
编号	名称及规格	单位	应发	实发	单价		金额	
1	棉花	KG	2 000	2 000				
	合计							

部门经理：张建峰　　会计：陈杰　　仓库：刘翰　　经办人：张小帅

会计联

凭证 59-3

中国工商银行
转账支票存根
IO203320
10215258

附加信息 _____

出票日期 2023 年 12 月 21 日

收款人	杭州白雪棉花厂
金　额	￥470 880.00
用　途	支付货款

单位主管　　会计

凭证60-1

工资发放表(12月)

编号	所属部门	担任职务	职员名称	类别	基本工资	奖金	岗位津贴	应付工资	养老保险(8%)	医疗保险(2%)	失业保险(0.5%)	住房公积金(12%)	应纳个税所得额	个人所得税	实发工资
1	行政部	总经理	夏宇飞	企业管理	10 000	3 000	1 000	14 000	1 120	280	70	1 680	5850	375	10 475
2		生产副总经理	潘虹	企业管理	9 000	3 000	1 000	13 000	1 040	260	65	1 560	5075	297.5	9 777.5
3		财务副总经理	蔡明	企业管理	9 000	3 000	1 000	13 000	1 040	260	65	1 560	5075	297.5	9 777.5
4		销售副总	张建峰	企业管理	9 000	3 500	1 000	13 500	1 080	270	67.5	1 620	5 462.5	336.25	10 126.25
5		主任	冯绍	企业管理	8 500	2 000	800	11 300	904	226	56.5	1 356	3 757.5	165.75	8 591.75
6		秘书	李芳	企业管理	4 000	1 000	500	5 500	440	110	27.5	660	0	0	4 262.5
7	人力资源部	人事管理	张中亚	企业管理	5 000	1 000	1 000	7 000	560	140	35	840	425	12.75	5 412.25
8	财务部	财务主管	倪可	企业管理	6 500	1 000	1 000	8 500	680	170	42.5	1 020	1 587.5	47.625	6 539.875
9		总账会计	陈杰	企业管理	5 500	1 000	800	7 300	584	146	36.5	876	657.5	19.725	5 637.775
10		出纳	纪楠也	企业管理	4 500	1 000	800	6 300	504	126	31.5	756	0	0	4 882.5
11	采购部	采购员	胡晓	企业管理	5 500	1 000	500	7 000	560	140	35	840	425	12.75	5 412.25
12		采购员	张小帅	企业管理	5 500	1 000	500	7 000	560	140	35	840	425	12.75	5 412.25
13	纺纱车间	车间主任	杨洋	车间管理	7 500	1 500	800	9 800	784	196	49	1 176	2 595	77.85	7 517.15
14		车间班长	王达	车间管理	6 500	1 500	800	8 800	704	176	44	1 056	1 820	54.6	6 765.4
15		高级工人	胡攀	基本生产	6 500	1 000	800	8 300	664	166	41.5	996	1 432.5	42.975	6 389.525
16		高级工人	章纪中	基本生产	6 500	1 000	800	8 300	664	166	41.5	996	1 432.5	42.975	6 389.525
17		工人	柯玉	基本生产	6 000	1 000	800	7 800	624	156	39	936	1 045	31.35	6 013.65
18		工人	楚奇	基本生产	6 000	1 000	800	7 800	624	156	39	936	1 045	31.35	6 013.65
19		工人	陈书达	基本生产	6 000	1 000	800	7 800	624	156	39	936	1 045	31.35	6 013.65
20		工人	王小安	基本生产	6 000	1 000	800	7 800	624	156	39	936	1 045	31.35	6 013.65
21		工人	李可	基本生产	6 000	1 000	800	7 800	624	156	39	936	1 045	31.35	6 013.65
22		工人	胡小小	基本生产	6 000	1 000	800	7 800	624	156	39	936	1 045	31.35	6 013.65
23	织布车间	车间主任	段誉	车间管理	7 500	1 500	800	9 800	784	196	49	1 176	2 595	77.85	7 517.15
24		车间班长	赵都	车间管理	6 500	1 500	800	8 800	704	176	44	1 056	1 820	54.6	6 765.4
25		高级工人	黄小莉	基本生产	6 500	1 000	800	8 300	664	166	41.5	996	1 432.5	42.975	6 389.525
26		高级工人	雨薇	基本生产	6 500	1 000	800	8 300	664	166	41.5	996	1 432.5	42.975	6 389.525
27		工人	葛革	基本生产	6 000	1 000	800	7 800	624	156	39	936	1 045	31.35	6 013.65
28		工人	万杰	基本生产	6 000	1 000	800	7 800	624	156	39	936	1 045	31.35	6 013.65
29		工人	赵凌	基本生产	6 000	1 000	800	7 800	624	156	39	936	1 045	31.35	6 013.65
30		工人	夏峰	基本生产	6 000	1 000	800	7 800	624	156	39	936	1 045	31.35	6 013.65
31		工人	余丰莲	基本生产	6 000	1 000	800	7 800	624	156	39	936	1 045	31.35	6 013.65
32		工人	彭喜庆	基本生产	6 000	1 000	800	7 800	624	156	39	936	1 045	31.35	6 013.65
33	机修车间	车间主任	王和伟	辅助生产	7 500	1 500	800	9 800	784	196	49	1 176	2 595	77.85	7 517.15
34		工人	丁裕	辅助生产	6 000	1 500	800	8 300	664	166	41.5	996	1 432.5	42.975	6 389.525
35	质检部	质检员	谢韵	企业管理	6 000	1 500	800	8 300	664	166	41.5	996	1 432.5	42.975	6 389.525
36	销售部	销售组长	刘霞	企业销售	7 500	3 500	1 000	12 000	960	240	60	1 440	4 300	220	9 080
37		销售组长	余健	企业销售	7 500	3 500	1 000	12 000	960	240	60	1 440	4 300	220	9 080
38		销售组长	谢敏	企业销售	7 500	3 500	800	11 800	944	236	59	1 416	4 145	204.5	8 940.5
39		销售员	刘小雨	企业销售	6 500	3 500	800	10 800	864	216	54	1 296	3 370	127	8 243
40		销售员	万小燕	企业销售	6 500	3 500	800	10 800	864	216	54	1 296	3 370	127	8 243
41		销售员	倪妮	企业销售	6 500	3 500	800	10 800	864	216	54	1 296	3 370	127	8 243
42		销售员	杨金	企业销售	6 500	3 500	800	10 800	864	216	54	1 296	3 370	127	8 243
43		销售员	刘筠	企业销售	6 500	3 500	800	10 800	864	216	54	1 296	3 370	127	8 243
44		销售员	李妍来	企业销售	6 500	3 500	800	10 800	864	216	54	1 296	3 370	127	8 243
45	仓储部	管理员	刘翰	企业管理	4 500	1 000	500	6 000	480	120	30	720	0	0	4 650
46		管理员	汪峰	企业管理	4 500	1 000	500	6 000	480	120	30	720	0	0	4 650
	合计				298 000	81 500	36 900	416 400	33 312	8 328	2 082	49 968	94 265	3 960.9	318 749.1

凭证 60-2

```
中国工商银行
转账支票存根
10203320
10215259

附加信息

出票日期 2023 年 12 月 23 日
收款人  杭州梦舒纺织有限责任公司
金  额  ￥318 749.10
用  途  发放工资

单位主管 倪可    会计 陈杰
```

凭证 61-1

社会保险费用及住房公积金分配汇总表(12月)

单位：元

部门	会计科目	明细科目	分配金额	备注
合计				

审核：   编制：

凭证 61-2

单位社会保险费及住房公积金分配明细表(12月)

编号	所属部门	担任职务	职员名称	类别	应付工资	单位养老保险(14%)	单位医疗保险(9.5%)	单位失业保险(0.5%)	单位工伤保险(0.6%)	单位生育保险(0)	单位住房公积金(12%)
1	行政部	总经理	夏宇飞	企业管理	14 000	1 960	1 330	70	84	0	1 680
2		生产副总经理	潘虹	企业管理	13 000	1 820	1 235	65	78	0	1 560
3		财务副总经理	蔡明	企业管理	13 000	1 820	1 235	65	78	0	1 560
4		销售副总	张建峰	企业管理	13 500	1 890	1 282.5	67.5	81	0	1 620
5		主任	冯绍	企业管理	11 300	1 582	1 073.5	56.5	67.8	0	1 356
6		秘书	李芳	企业管理	5 500	770	522.5	27.5	33	0	660
		小计			70 300	9 842	6 678.5	351.5	421.8	0	8 436
7	人力资源部	人事管理	张中亚	企业管理	7 000	980	665	35	42	0	840
8	财务部	财务主管	倪可	企业管理	8 500	1 190	807.5	42.5	51	0	1 020
9		总账会计	陈杰	企业管理	7 300	1 022	693.5	36.5	43.8	0	876
10		出纳	纪楠也	企业管理	6 300	882	598.5	31.5	37.8	0	756
		小计			29 100	4 074	2 764.5	145.5	174.6	0	3 492
11	采购部	采购员	胡晓	企业管理	7 000	980	665	35	42	0	840
12		采购员	张小帅	企业管理	7 000	980	665	35	42	0	840
		小计			14 000	1 960	1 330	70	84	0	1 680
13	纺纱车间	车间主任	杨洋	车间管理	9 800	1 372	931	49	58.8	0	1 176
14		车间班长	王达	车间管理	8 800	1 232	836	44	52.8	0	1 056
15		高级工人	胡攀	基本生产	8 300	1 162	788.5	41.5	49.8	0	996
16		高级工人	章纪中	基本生产	8 300	1 162	788.5	41.5	49.8	0	996
17		工人	柯玉	基本生产	7 800	1 092	741	39	46.8	0	936
18		工人	楚奇	基本生产	7 800	1 092	741	39	46.8	0	936
19		工人	陈书达	基本生产	7 800	1 092	741	39	46.8	0	936
20		工人	王小安	基本生产	7 800	1 092	741	39	46.8	0	936
21		工人	李可	基本生产	7 800	1 092	741	39	46.8	0	936
22		工人	胡小小	基本生产	7 800	1 092	741	39	46.8	0	936
		小计			82 000	11 480	7 790	410	492	0	9 840
23	织布车间	车间主任	段誉	车间管理	9 800	1 372	931	49	58.8	0	1 176
24		车间班长	赵都	车间管理	8 800	1 232	836	44	52.8	0	1 056
25		高级工人	黄小莉	基本生产	8 300	1 162	788.5	41.5	49.8	0	996
26		高级工人	雨薇	基本生产	8 300	1 162	788.5	41.5	49.8	0	996
27		工人	葛革	基本生产	7 800	1 092	741	39	46.8	0	936
28		工人	万杰	基本生产	7 800	1 092	741	39	46.8	0	936
29		工人	赵凌	基本生产	7 800	1 092	741	39	46.8	0	936
30		工人	夏峰	基本生产	7 800	1 092	741	39	46.8	0	936
31		工人	余丰莲	基本生产	7 800	1 092	741	39	46.8	0	936
32		工人	彭喜庆	基本生产	7 800	1 092	741	39	46.8	0	936
		小计			82 000	11 480	7 790	410	492	0	9 840
33	机修车间	车间主任	王和伟	辅助生产	9 800	1 372	931	49	58.8	0	1 176
34		工人	丁裕	辅助生产	8 300	1 162	788.5	41.5	49.8	0	996
		小计			18 100	2 534	1 719.5	90.5	108.6	0	2 172
35	质检部	质检员	谢韵	企业管理	8 300	1 162	788.5	41.5	49.8	0	996
36	销售部	销售组长	刘霞	企业销售	12 000	1 680	1 140	60	72	0	1 440
37		销售组长	余健	企业销售	12 000	1 680	1 140	60	72	0	1 440
38		销售组长	谢敏	企业销售	11 800	1 652	1 121	59	70.8	0	1 416
39		销售员	刘小雨	企业销售	10 800	1 512	1 026	54	64.8	0	1 296
40		销售员	万小燕	企业销售	10 800	1 512	1 026	54	64.8	0	1 296
41		销售员	倪妮	企业销售	10 800	1 512	1 026	54	64.8	0	1 296
42		销售员	杨金	企业销售	10 800	1 512	1 026	54	64.8	0	1 296
43		销售员	刘筠	企业销售	10 800	1 512	1 026	54	64.8	0	1 296
44		销售员	李妍来	企业销售	10 800	1 512	1 026	54	64.8	0	1 296
		小计			108 900	15 246	10 345.5	544.5	653.4	0	13 068
45	仓储部	管理员	刘翰	企业管理	6 000	840	570	30	36	0	720
46		管理员	汪峰	企业管理	6 000	840	570	30	36	0	720
		小计			12 000	1 680	1 140	60	72	0	1 440
	合计				416 400	60 438	41 011.5	2 158.5	2 590.2	0	51 804

凭证 62-1

工会经费及职工教育经费分配汇总表

编号	所属部门	类别	工会经费(2%)	职工教育经费(2.5%)
1	行政部	企业管理	1 406.00	1 757.50
2	人力资源部	企业管理	140.00	175.00
3	财务部	企业管理	442.00	552.50
4	采购部	企业管理	280.00	350.00
5	纺纱车间	车间管理	372.00	465.00
6		基本生产	1 268.00	1 585.00
7	织布车间	车间管理	372.00	465.00
8		基本生产	1 268.00	1 585.00
9	机修车间	辅助生产	362.00	452.50
10	质检部	企业管理	166.00	207.50
11	销售部	企业销售	2 012.00	2 515.00
12	仓储部	企业管理	240.00	300.00
	合计		8 328.00	10 410.00

凭证 63-1

入 库 单

2023 年 12 月 24 日　　　　　　　　　　　　　　　　　单号：009

交来单位及部门	纺纱车间		发票号码或生产单号码	3495739	验收仓库	半成品库	入库日期	2023-12-24	
编号	名称及规格	单位	数量		单价	金额		备注	会
			交库	实收					计
1	中特棉纱	KG	23 000	23 000					联
2	细特面纱	KG	21 000	21 000					

部门经理：潘虹　　　　会计：陈杰　　　　仓库：汪峰　　　　经办人：陈书达

凭证 64-1

入 库 单

2023 年 12 月 24 日　　　　　　　　　　　　　单号：010

交来单位及部门	织布车间		发票号码或生产单号码	3497504	验收仓库	半成品库	入库日期	2023-12-24
编号	名称及规格	单位	数量		单价	金额	备注	
			交库	实收				
1	中平布	m²	28 000	28 000				
2	细布	m²	38 000	38 000				

部门经理：潘虹　　　　会计：陈杰　　　　仓库：汪峰　　　　经办人：葛革

凭证 65-1

中国工商银行进账单（收账通知）

2023 年 12 月 25 日

出票人 全称：杭州梦舒纺织有限责任公司　账号：1202026219900061033　开户银行：中国工商银行杭州钱江支行
收款人 全称：杭州市公积金管理中心　账号：1202982084098399930　开户银行：中国工商银行杭州钱江支行
金额 人民币（大写）：玖万玖仟玖佰叁拾陆元整　¥99 936 00
票据种类：转账支票　票据张数：1
票据号码：10215260

凭证 65-2

12月社保费明细表

所属部门	担任职务	职员名称	类别	应付工资	养老保险		医疗保险		失业保险		工伤保险		生育保险		住房公积金	
					8%	14%	2%	12%	1%	2%	0%	0.50%	0%	0.60%	12%	12%
行政部	总经理	夏宇飞	企业管理	14 000	1 120	1 960	280	1 610	140	280	0	70	0	84	1 680	1 680
	生产副总经理	潘虹	企业管理	13 000	1 040	1 820	260	1 495	130	260	0	65	0	78	1 560	1 560
	财务副总经理	蔡明	企业管理	13 000	1 040	1 820	260	1 495	130	260	0	65	0	78	1 560	1 560
	销售副总	张建峰	企业管理	13 500	1 080	1 890	270	1 552.5	135	270	0	67.5	0	81	1 620	1 620
	主任	冯绍	企业管理	11 300	904	1 582	226	1 299.5	113	226	0	56.5	0	67.8	1 356	1 356
	秘书	李芳	企业管理	5 500	440	770	110	632.5	55	110	0	27.5	0	33	660	660
人力资源部	人事管理	张中亚	企业管理	7 000	560	980	140	805	70	140	0	35	0	42	840	840
	以下略															
	合计			41 6400	33 312	58 296	8 328	47 886	4 164	8 328	0	2082	0	2 498.4	49 968	49 968

审核：倪可　　　　制表：陈杰

凭证 65-3

```
中国工商银行
转账支票存根
10203320
10215260

附加信息

出票日期 2023 年 12 月 25 日
收款人  杭州市公积金管理中心
金  额  ￥99 936.00
用  途  住房公积金款
单位主管         会计
```

凭证 66-1

存货盘盈/亏处理报告表

2023 年 12 月 19 日

企业名称：杭州梦舒纺织有限责任公司   单位：元

存货名称	计量单位	单价	数量		盘盈		盘亏		差异原因
			账存	实存	数量	金额	数量	金额	
包装箱	个	10.00	2 300	1 700			600	6 000.00	仓库意外起火
财务部门建议处理意见：	查明19日仓库起火是材料库管员刘翰管理疏忽造成的，经管理层决定，由刘翰赔偿3 000元，其他由公司承担。								
单位主管部门批复处理意见：	同意。								

批准人：夏宇飞   审批人：黎明   部门负责人：冯绍   制单：汪峰

凭证66-2

库存现金盘点表

2023 年 12 月 2 日　　　　　　　　　　　　　　　　　　单位：元

票面额	张数	金额	票面额	张数	金额
壹佰元	230	23 000	伍角		
伍拾元	4	200	贰角		
贰拾元			壹角		
拾元			伍分		
伍元	10	50.00	贰分		
贰元	10	20.00	壹分		
壹元	3	3.00	合计		￥23 273.00
现金日记账账面余额					￥23 273.00
差额					￥300.00
处理意见：现金盘亏系出纳失误造成，经研究决定，由出纳纪楠也赔偿					

审批人(签章)：孙立　　　　监盘人(签章)：赵利　　　　盘点人(签章)：张丽

凭证67-1

入 库 单

2023 年 12 月 25 日　　　　　　　　　　　　　　　　　　单号：011

编号	交来单位及部门	名称及规格	单位	发票号码或生产单号码	数量		验收仓库	单价	入库日期 2023-12-25	金额	备注
					交库	实收					
1		纸管	个		20 000	20 000					
2		浆料	KG		1 000	1 000					

会计联

部门经理：潘虹　　　会计：陈杰　　　仓库：汪峰　　　经办人：陈书达

凭证 67-2

凭证 67-3

凭证 68-1

领 料 单

领料部门：纺纱车间
用途：生产中特棉纱　　　　　2023 年 12 月 25 日　　　　　第 _015_ 号

材料			单位	数量		单价	成本								
编号	名称	规格		请领	实发		总价								
							百	十	万	千	百	十	元	角	分
1	棉花		KG	10 000	10 000										
2	浆料		KG	400	400										
3	纸管		个	5 000	5 000										
4	包套		个	3 000	3 000										
合计															

部门经理：潘虹　　　会计：陈杰　　　仓库：刘翰　　　经办人：王小安

凭证 68-2

领 料 单

领料部门：纺纱车间
用途：生产细特棉纱　　　　　2023 年 12 月 25 日　　　　　第 _016_ 号

材料			单位	数量		单价	成本								
编号	名称	规格		请领	实发		总价								
							百	十	万	千	百	十	元	角	分
1	棉花		KG	10 000	10 000										
2	浆料		KG	500	500										
3	纸管		个	6 000	6 000										
4	包套		个	3 000	3 000										
合计															

部门经理：潘虹　　　会计：陈杰　　　仓库：刘翰　　　经办人：陈书达

凭证 69-1

领 料 单

领料部门：纺纱车间
用途：生产中平布　　　　　2023 年 12 月 25 日　　　　　第 _017_ 号

材料			单位	数量		单价	成本								
编号	名称	规格		请领	实发		总价								
							百	十	万	千	百	十	元	角	分
1	中特棉纱		KG	15 000	15 000										
2	辅助棉纱		KG	3 750	3 750										
3	浆料		KG	1 000	1 000										
4	纸管		个	4 000	4 000										
合计															

部门经理：潘虹　　　会计：陈杰　　　仓库：刘翰　　　经办人：万杰

凭证69-2

领 料 单

领料部门：织布车间
用途：生产中平布　　　　　　　　2023 年 12 月 25 日　　　　　　第 _018_ 号

材料			单位	数量		成本									
编号	名称	规格		请领	实发	单价	总价								
							百	十	万	千	百	十	元	角	分
5	包套		个	2 000	2 000										
合计															

部门经理：潘虹　　　　会计：陈杰　　　　仓库：刘翰　　　　经办人：万杰

凭证69-3

领 料 单

领料部门：织布车间
用途：生产细布　　　　　　　　2023 年 12 月 25 日　　　　　　第 _019_ 号

材料			单位	数量		成本									
编号	名称	规格		请领	实发	单价	总价								
							百	十	万	千	百	十	元	角	分
1	细特棉纱		KG	20 000	20 000										
2	辅助棉纱		KG	5 000	5 000										
3	浆料		KG	1 000	1 000										
4	纸管		个	4 000	4 000										
合计															

部门经理：潘虹　　　　会计：陈杰　　　　仓库：刘翰　　　　经办人：彭喜庆

凭证69-4

领 料 单

领料部门：织布车间
用途：生产细布　　　　　　　　2023 年 12 月 25 日　　　　　　第 _00_ 号

材料			单位	数量		成本									
编号	名称	规格		请领	实发	单价	总价								
							百	十	万	千	百	十	元	角	分
5	包套		个	2 000	2 000										
合计															

部门经理：潘虹　　　　会计：陈杰　　　　仓库：刘翰　　　　经办人：彭喜庆

凭证 70-1

凭证 71-1

凭证 71-2

报 销 单

填报日期： 2023 年 12 月 26 日　　　　单据及附件共 1 张

姓名	李芳	所属部门	行政部	报销形式		现金	
				支票号码			
报销项目			摘要		金额	备注：	
办公用品			预付明年的报刊费		700.00		
		合计			￥700.00		
金额大写： 零 拾 零 万 零 仟 柒 佰 零 拾 零 元 零 角 零 分					原借款： 元	应退款： 元	
						应补款： 元	

总经理：夏宇飞　　财务经理：倪可　　部门经理：冯绍　　会计：陈杰　　出纳：纪楠也　　领款人：李芳

凭证 72-1

职工非货币性福利发放表

编号	所属部门	担任职务	职员名称	类别	油	大米	合计
1	行政部	总经理	夏宇飞	企业管理	160.00	300.00	460.00
2		生产副总经理	潘虹	企业管理	160.00	300.00	460.00
3		财务副总经理	蔡明	企业管理	160.00	300.00	460.00
4		销售副总经理	张建峰	企业管理	160.00	300.00	460.00
5		主任	冯绍	企业管理	160.00	300.00	460.00
6		秘书	李芳	企业管理	160.00	300.00	460.00
7	人力资源部	人事管理	张中亚	企业管理	160.00	300.00	460.00
8	财务部	财务主管	倪可	企业管理	160.00	300.00	460.00
9		总账会计	陈杰	企业管理	160.00	300.00	460.00
10		出纳	纪楠也	企业管理	160.00	300.00	460.00
11	采购部	采购员	胡晓	企业管理	160.00	300.00	460.00
12		采购员	张小帅	企业管理	160.00	300.00	460.00
13	纺纱车间	车间主任	杨洋	车间管理	160.00	300.00	460.00
14		车间班长	王达	车间管理	160.00	300.00	460.00
15		高级工人	胡攀	基本生产	160.00	300.00	460.00
16		高级工人	章纪中	基本生产	160.00	300.00	460.00
17		工人	柯玉	基本生产	160.00	300.00	460.00
18		工人	楚奇	基本生产	160.00	300.00	460.00
19		工人	陈书达	基本生产	160.00	300.00	460.00
20		工人	王小安	基本生产	160.00	300.00	460.00
21		工人	李可	基本生产	160.00	300.00	460.00
22		工人	胡小小	基本生产	160.00	300.00	460.00
23	织布车间	车间主任	段誉	车间管理	160.00	300.00	460.00
24		车间班长	赵都	车间管理	160.00	300.00	460.00
25		高级工人	黄小莉	基本生产	160.00	300.00	460.00
26		高级工人	雨薇	基本生产	160.00	300.00	460.00
27		工人	葛革	基本生产	160.00	300.00	460.00
28		工人	万杰	基本生产	160.00	300.00	460.00
29		工人	赵凌	基本生产	160.00	300.00	460.00

(续表)

编号	所属部门	担任职务	职员名称	类别	油	大米	合计
30	织布车间	工人	夏峰	基本生产	160.00	300.00	460.00
31		工人	余丰莲	基本生产	160.00	300.00	460.00
32		工人	彭喜庆	基本生产	160.00	300.00	460.00
33	机修车间	车间主任	王和伟	辅助生产	160.00	300.00	460.00
34		工人	丁裕	辅助生产	160.00	300.00	460.00
35	质检部	质检员	谢韵	企业管理	160.00	300.00	460.00
36	销售部	销售组长	刘霞	企业销售	160.00	300.00	460.00
37		销售组长	余健	企业销售	160.00	300.00	460.00
38		销售组长	谢敏	企业销售	160.00	300.00	460.00
39		销售员	刘小雨	企业销售	160.00	300.00	460.00
40		销售员	万小燕	企业销售	160.00	300.00	460.00
41		销售员	倪妮	企业销售	160.00	300.00	460.00
42		销售员	杨金	企业销售	160.00	300.00	460.00
43		销售员	刘筠	企业销售	160.00	300.00	460.00
44		销售员	李妍来	企业销售	160.00	300.00	460.00
45	仓储部	管理员	刘翰	企业管理	160.00	300.00	460.00
46		管理员	汪峰	企业管理	160.00	300.00	460.00
	合计				7 360.00	13 800.00	21 160.00

凭证 73-1

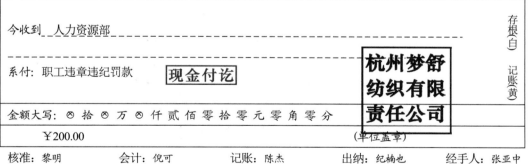

收款收据　　No**12344**

2023 年 12 月 27 日

今收到 人力资源部

系付：职工违章违纪罚款　　现金付讫

金额大写：⊗拾 ⊗万 ⊗仟 贰佰 零拾 零元 零角 零分

￥200.00　　　　　　　　　　（单位盖章）杭州梦舒纺织有限责任公司

存根（白）　记账（黄）

核准：黎明　　会计：倪可　　记账：陈杰　　出纳：纪楠也　　经手人：张亚中

凭证 74-1

出 库 单

出货单位：材料库　　　　2023 年 12 月 28 日　　　　单号：201

提货单位或领货部门	杭州艺达纺织公司		销售单号	60989017	发出仓库	材料库	出库日期	2023-12-28	
编号	名称及规格	单位	数量		单价		金额		会
			应发	实发					计
1	棉花	KG	2 000	2 000					联
	合计								

部门经理：张建峰　　　　会计：陈杰　　　　仓库：刘翰　　　　经办人：刘小雨

凭证 74-2

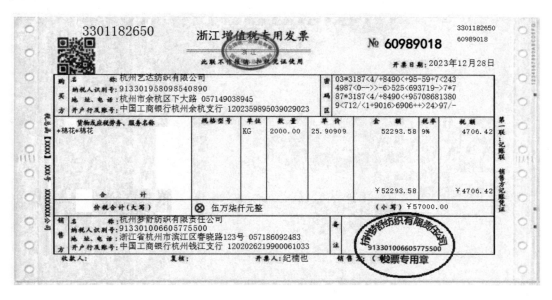

凭证 75-1

凭证 75-2

凭证 76-1

凭证 76-2

凭证 77-1

凭证 77-2

托收凭证（付款通知）

委托日期 2023 年 12 月 28 日　　付款期限 2023 年 12 月 28 日

业务类型	委托收款（□邮划，□电划）		托收承付（□邮划，☑电划）	
付款人	全称	杭州梦舒纺织有限责任公司	全称	中国电信股份有限公司杭州分公司
	账号	1202026219900061033	账号	620290239049902392
	地址	浙江省杭州市　开户行 中国工商银行杭州钱江支行	地址	浙江省杭州市　开户行 中国银行杭州翠园支行
金额	人民币（大写）	壹仟捌佰贰拾玖元零贰分		¥1,829.02
款项内容	电话费	托收凭据名称 增值税专用发票	随寄单证张数	1
商品发运情况			合同名称号码	3293494

备注：
付款人开户银行收到日期　年　月　日
复核　　记账

付款人开户银行签章 2023.12.28（01）
年　月　日

付款人注意：
1. 根据支付结算方法，上列委托收款（托收承付）款项在付款期限内未提出拒付，即视为同意付款，以此代付款通知。
2. 如需提出全部或部分拒付，应在规定期限内，将拒付理由书并附债务证明退交开户银行。

凭证 78-1

领 料 单

领料部门：机修车间
用途：维修　　　　　　　　　　2023 年 12 月 29 日　　　　　　　　　　第 021 号

材料			单位	数量		单价	成本 总价								
编号	名称	规格		请领	实发		百	十万	千	百	十	元	角	分	
1	轴承		个	100	100										
2	钢扣		个	14	14										
3	胶圈		个	600	600										
合计															

部门经理：王和伟　　　　　会计：陈杰　　　　　仓库：刘翰　　　　　经办人：丁裕

凭证 79-1

凭证 79-2

出 库 单

出货单位：产成品仓库
2023 年 12 月 29 日
单号：1202

提货单位或领货部门	宁波纯菲印染公司		销售单号	60989017	发出仓库	产成品仓库	出库日期	2023-12-29
编号	名称及规格	单位	数量		单价		金额	
			应发	实发				
1	中平布	m²	26 000	26 000				
2	细布	m²	38 000	38 000				
合计								

部门经理：张建峰　　会计：陈杰　　仓库：刘翰　　经办人：刘小雨

会计联

凭证 79-3

中国工商银行进账单（收账通知）

2023 年 12 月 29 日

出票人	全称	宁波纯菲印染有限公司	收款人	全称	杭州梦舒纺织有限责任公司
	账号	1203897590280949920		账号	1202026219900061033
	开户银行	中国工商银行宁波江东支行		开户银行	中国工商银行杭州钱江支行

金额	人民币（大写）	贰佰壹拾肆万零贰佰贰拾元整	千百十万千百十元角分
			￥2 1 4 0 2 2 0 0 0

票据种类	转账支票	票据张数	1
票据号码	05652212		

中国工商银行 杭州钱江支行 2023.12.29 转讫(01)

复核：　　记账：

此联是收款人开户银行交给收款人的收款通知

收款人开户行银行盖章

凭证 80-1

公允价值变动损益计算表

单位：

投资项目	持有股(份)数	单位单价	账面成本	市价总额	公允价值变动损益
绿城集团	150 000	12.00	150 000.00	180 000.00	30 000.00
万达股份	10 000	8.00	65 000.00	80 000.00	15 000.00
合计	25 000		¥215 000.00	¥260 000.00	¥45 000.00

凭证 81-1

无形资产摊销计算表

年　　月　　日　　　　　　　　　　　　　　　　单位：

项目	原值	购入日期	应摊销月数	已摊销额	本月摊销数	累计摊销额	未摊销额
合计							

复核：　　　　　编制：

凭证 82-1

固定资产折旧计算表

2023 年 12 月 31 日

使用部门		原值	累计折旧额	折旧额
生产车间	纺纱车间	73 000 000.00		
	织布车间	6 300 000.00		
	机修车间	400 000.00		
管理部门		2 812 000.00		
销售部门		4000.00		
合计		16 816 000.00		

复核：　　　　　编制：

凭证82-2

固定资产清单 2023-12-30

固定资产编号	使用分类	名称	单位	数量	使用部门	可使用年限	已使用月份	原值	已计提折旧	每月计提折旧	对应折旧科目
生产用固定资产								14 410 000.00	6 454 916.67	111 291.67	
1	生产用固定资产	厂房	平方米	400	纺纱车间	20	59	800 000.00	193 333.33	3 333.33	制造费用
2	生产用固定资产	厂房	平方米	400	织布车间	20	59	800 000.00	193 333.33	3 333.33	制造费用
3	生产用固定资产	厂房	平方米	100	机修车间	20	59	100 000.00	24 166.67	416.67	辅助生产成本
4	生产用固定资产	厂房	平方米	200	闲置	20	59	200 000.00	48 333.33	833.33	管理费用
5	生产用固定资产	成品库	平方米	300	仓储部	20	59	210 000.00	50 750.00	875.00	管理费用
6	生产用固定资产	纺纱生产线及附属设备			纺纱车间	10	59	6 500 000.00	3 141 666.67	54 166.67	制造费用
7	生产用固定资产	织布生产线及附属设备			织布车间	10	59	5 500 000.00	2 658 333.33	45 833.33	制造费用
8	生产用固定资产	机修设备	组	1	机修车间	10	59	300 000.00	145 000.00	2 500.00	辅助生产成本
非生产用固定资产								2 406 000.00	614 200.00	16 800.00	
9	非生产用固定资产	办公楼	平方米	600	管理部门	20	59	2 000 000.00	483 333.33	8 333.33	管理费用
10	非生产用固定资产	轿车	辆	2	管理部门	4	18	200 000.00	70 833.33	4 166.67	管理费用
11	非生产用固定资产	货车(5吨)	辆	1	仓储部	4	12	120 000.00	27 500.00	2 500.00	管理费用
12	非生产用固定资产	办公设备1	套	1	行政部	5	22	20 000.00	7 000.00	333.33	管理费用
13	非生产用固定资产	办公设备2	套	5	行政部	5	18	15 000.00	4 250.00	250.00	管理费用
14	非生产用固定资产	办公设备2	套	1	人力资源部	5	18	3 000.00	850.00	50.00	管理费用
15	非生产用固定资产	办公设备2	套	3	财务部	5	22	9 000.00	3 150.00	150.00	管理费用
16	非生产用固定资产	办公设备3	套	2	销售部	5	18	4 000.00	1 133.33	66.67	销售费用
17	非生产用固定资产	办公设备3	套	1	质检部	5	18	2 000.00	566.67	33.33	管理费用
18	非生产用固定资产	计算机	台	2	行政部	3	18	10 000.00	4 722.22	277.78	管理费用
19	非生产用固定资产	计算机	台	1	人力资源部	3	18	5 000.00	2 361.11	138.89	管理费用
20	非生产用固定资产	计算机	台	2	财务部	3	18	10 000.00	4 722.22	277.78	管理费用
21	非生产用固定资产	喷墨打印机	台	1	行政部	3	18	5 000.00	2 361.11	138.89	管理费用
22	非生产用固定资产	针式打印机	台	1	财务部	3	18	3 000.00	1 416.67	83.33	管理费用
合计金额								16 816 000.00	7 069 116.67	128 091.67	

凭证83-1

材料领用汇总表

年　月　日　　　　　　　　　　　　　　　　　　　　　金额单位：元

领用部门			原料		辅助材料			外购配件			合计
			棉花	其他棉纱	浆料	纸管	包套	轴承	钢扣	胶圈	
月末一次加权平均单价											
纺纱车间	中特棉纱	数量									
		金额									
	细特棉纱	数量									
		金额									
	一般消耗	数量									
		金额									
织布车间	中平布	数量									
		金额									
	细布	数量									
		金额									
	一般消耗	数量									
		金额									
机修车间		数量									
		金额									

复核：　　　　　编制：

凭证83-2

周转材料领用汇总表

年　月　日　　　　　　　　　　　　　　　　　　　　　金额单位：元

领用部门			周转箱	劳保用品	套件工具	包装箱	合计
月末一次加权平均单价							
纺纱车间	中特棉纱	数量					
		金额					
	细特棉纱	数量					
		金额					
	一般消耗	数量					
		金额					
织布车间	中平布	数量					
		金额					
	细布	数量					
		金额					
	一般消耗	数量					
		金额					
机修车间		数量					
		金额					

复核：　　　　　编制：

凭证 84-1

水电费分配表

部门	水单价/(元/吨)	用水量/吨	金额	电单价	用电量/(元/度)	金额	合计
纺纱车间	2.5	4 100		0.7	25 000		
织布车间	2.5	4 000		0.7	20 000		
机修车间	2.5	20		0.7	3 000		
行政管理部门	2.5	200		0.7	6 000		
合计		8 320			54 000		

复核：　　　编制：

凭证 85-1

辅助生产成本分配表

　　　　　　　　　　　年　月　日　　　　　　　　　　　金额：　元

分配对象		分配标准	分配率/(元/时)	分配金额
车间用	纺纱车间	400		
	织布车间	500		
管理部门使用		20		
合计		920		

复核：　　　编制：

凭证 86-1

制造费用分配表

车间：纺纱车间　　　　　　　年　月　日　　　　　　　　金额：　元

分配对象	分配标准/工时	分配率/(元/时)	分配金额
中特棉纱	1 800		
细特棉纱	1 600		
合计	3 400		

复核：　　　编制：

凭证 86-2

制造费用分配表

车间：织布车间　　　　　　　　　　年　月　日　　　　　　　　　　金额：元

分配对象	分配标准/工时	分配率/(元/时)	分配金额
中平布	1 750		
细布	1 530		
合计	3 280		

复核：　　　　　　编制：

凭证 87-1

纺纱车间产品成本计算表

产品名称：中特棉纱　　　　　　2023 年 12 月　　　　　　完工数量：

成本项目	直接材料	直接人工	制造费用	合计
月初在产品(无)				
本月生产费用				
本月生产费用合计				
单位成本				
月末在产品(无)				

复核：　　　　　　编制：

凭证 87-2

纺纱车间产品成本计算表

产品名称：细特棉纱　　　　　　2023 年 12 月　　　　　　完工数量：

成本项目	直接材料	直接人工	制造费用	合计
月初在产品(无)				
本月生产费用				
本月生产费用合计				
单位成本				
月末在产品(无)				

复核：　　　　　　编制：

凭证 87-3

纺纱车间产品成本分配表

领用部门			自制半成品		合计
			中特棉纱	细特棉纱	
纺纱车间	中平布	数量			
		金额			
	细布	数量			
		金额			
	一般消耗	数量			
		金额			
合计					

凭证 88-1

织布车间产量汇总表

编制单位：杭州梦舒纺织有限责任公司　　　　　　　2023 年 12 月 31 日

项目		中平布	细布
月初在产品/平方米			
本月投入			
本月完工			
月末在产品			
月末在产品完工程度	直接材料	100%	100%
	直接人工	50%	50%
	制造费用	50%	50%

复核：　　　　　　　编制：

凭证 88-2

织布车间产品成本计算表

产品名称：中平布(产成品)　　　　2023 年 12 月　　　　完工数量：

成本项目		直接材料	直接人工	制造费用	合计
月初在产品					
本月生产费用					
生产费用合计					
在产品完工程度/%					
完工产成品	总成本				
	单位成本				
月末在产品					

复核：　　　　　　　编制：

凭证88-3

织布车间产品成本计算表

产品名称：细布(产成品)　　　　2023 年 12 月　　　　完工数量：

成本项目		直接材料	直接人工	制造费用	合计
月初在产品					
本月生产费用					
生产费用合计					
在产品完工程度/%					
完工产成品	总成本				
	单位成本				
月末在产品					

复核：　　　　编制：

凭证89-1

银行借款利息计提表

2023 年 12 月

贷款项目(名称)	金额	月利率	应提利息	付息方式
合计				

审核：　　　　编制：

凭证89-2

中国工商银行存（贷）款利息通知单

借方	户名	中国工商银行钱江支行	贷方	户名	杭州梦舒纺织有限责任公司
	账号	12020262000000000001		账号	12020262199000061033
实收（付）金额		￥37500.00	计息户名称		杭州梦舒纺织有限责任公司

备注	起息日期	止息日期	积数/息余	利率	利息
	2023.12.01	2023.12.31	150000000.00	9%(年)	￥37500.00
	调整利息：			冲正利息：	
	应收（付）利息金额　￥37500.00				

2023.12.31

凭证 90-1

坏账准备计提表

2023 年 12 月 31 日

序号	期末余额	计提比例	期初坏账准备	计提坏账准备
1				
2				
合计				

审核：　　　　　　　　　　编制：

凭证 91-1

应交增值税明细

2023 年　12 月　31 日

序号	明细科目	借方余额	贷方余额
1	进项税额		
2	销项税额		
3	进项税额转出		
4	未交增值税		

审核：　　　　　　　　　　编制：

凭证 92-1

应交税费计算表(　　年　　月　　日)

税费明细项目	计算依据	金额	税率	应纳税额	应借科目
城市维护建设税	增值税+消费税				
教育费附加	增值税+消费税				
地方教育费附加	增值税+消费税				
房产税	房产原值(扣除比 30%)				
房产税	租金收入				
车船税					
土地使用税					
印花税					
合计					

审核：　　　　　　　　　　编制：

凭证 92-2

凭证 93-1

销售材料、自制半成品和产成品发出汇总表

年　　月　　日

产品名称	期末一次加权平均成本	数量	金额
原材料			
中特棉纱			
细特棉纱			
中平布			
细布			
合计			

凭证 94-1

股利发放公告

　　本公司及董事会全体成员保证公告内容的真实、准确和完整，对公告的虚假记载、误导性陈述或重大遗漏负连带责任。

一、本次共发放股利 24 000 元。

二、高尔顿酒店股份有限公司 2023 年度利润分配方案于 2023 年 12 月 30 日召开年度股东大会决议通过。

单位盖章

凭证95-1

银行存款(美元户)的汇兑损益计算表

期初余额			期末余额			汇兑差额
美元	汇率	折合为人民币	美元	汇率	折合为人民币	
60 072.40	6.3	378 456.11	60 072.40	6.1		

凭证96-1

企业所得税纳税调整项目表

申报所属日期　　　　年　月　日至　　年　月　日　　　　　金额单位：元

计算机代码：　　　　　　　申报单位名称：

地址及联系电话：				缴款书号：	
经济类型		行业		入库级次	

行次	项目	本期累计	行次	项目	本期累计
1	一、纳税调整增加额 (1=2+16+27)		19	(3) 违法经营罚款和被没收财物损失	
2	1. 超过规定标准项目 (2=3+4+…+15)		20	(4) 税收滞纳金、罚金、罚款	
3	(1) 工资支出		21	(5) 灾害事故损失赔偿	
4	(2) 职工福利费		22	(6) 非公益救济性捐赠	
5	(3) 职工教育经费		23	(7) 非广告性质赞助支出	
6	(4) 工会经费		24	(8) 为其他企业贷款担保的支出项目	
7	(5) 利息支出		25	(9) 与收入无关的项目	
8	(6) 业务招待费		26	(10) 其他	
9	(7) 公益救济性捐赠		27	3. 应税收益项目 (27=28+29+30)	
10	(8) 提取折旧费		28	(1) 少计应税收益	
11	(9) 无形资产摊销		29	(2) 未计应税收益	
12	(10) 广告费		30	(3) 收回坏账损失	
13	(11) 业务宣传费		31	二、纳税调整减少额 (31=32+33+34+35)	
14	(12) 管理费		32	1. 联营企业分回利润	
15	(13) 其他		33	2. 境外收益	
16	2. 不允许扣除项目 (16=17+18+…+26)		34	3. 管理费	
17	(1) 资本性支出		35	4. 其他	
18	(2) 无形资产受让、开发支出				

审核：　　　　　　　　　　　　　　　　　　编制：

凭证 96-2

企业所得税计算表

编制单位：　　　　　　　　　　　　　　　　　　　　　　　　　　　　　金额单位：元

项目	账面价值	计税基础	可抵扣暂时性差异	应纳税暂时性差异	永久性差异
捐赠支出					
罚款支出					
业务招待费					
应收账款					
交易性金融资产					
合计					

12月利润总额	应纳所得税	应交所得税	递延所得税资产		递延所得税负债		所得税费用
			期初数	期末数	期初数	期末数	

凭证 97-1

损益类项目汇总

2023 年 12 月

项目	金额
营业收入	
营业成本	
税金及附加	
销售费用	
管理费用	
财务费用	
资产减值损失	
公允价值变动	
投资收益	
营业外收入	
营业外支出	

审核：　　　　　　　　　　编制：

凭证 99-1

法定盈余公积计提表

2023 年 12 月 31 日

净利润	提取比例	法定盈余公积金额	任意盈余公积金额	合计

审核：　　　　　　　　　　编制：

参考文献

[1] 田钏平. 新编会计综合实训[M]. 北京：清华大学出版社，2019.
[2] 田钏平. 会计综合实训[M]. 北京：清华大学出版社，2015.
[3] 李艳，盛洁. 企业会计综合实训[M]. 4版. 北京：首都经济贸易大学出版社，2023.
[4] 财政部会计资格评价中心. 初级会计实务[M]. 北京：经济科学出版社，2022.
[5] 财政部会计资格评价中心. 中级会计实务[M]. 北京：经济科学出版社，2022.